VICTORIEN SARDOU

DE L'ACADÉMIE FRANÇAISE

MES PLAGIATS !

RÉPLIQUE A MARIO UCHARD

PARIS

IMPRIMERIE ET LIBRAIRIE UNIVERSELLE

16, RUE D'ARGENTEUIL, 16

—

1882

MES PLAGIATS !

1212-82. — IMPRIMERIE D. BARDIN ET Ce, A SAINT GERMAIN.

Le précédent mémoire, imprimé depuis près d'un an, attendait pour paraître que la cause fût appelée.

On conçoit donc que je n'y fasse aucune allusion à la nouvelle accusation de plagiat, dont ma *Fedora* devait être et a été nécessairement l'objet.

Un petit post-scriptum comblera cette lacune que l'on ne manquerait pas d'invoquer contre moi.

Donc, peu de temps après la première représentation d'*un Roman parisien*, qui rappelle *Froufrou*, et avant l'apparition de *la Glu*, qui rappelle *les Filles de marbre*, *le Mariage d'Olympe* et *la Closerie des genêts*; — de *M*^{lle} *Nitouche*, qui rappelle *le Domino noir*, comme *la Cigale* rappelait *la Fille du régiment*; — du *Roi des grecs*, qui rappelle *le Démon du jeu*, *les Diables noirs* et *le Tourbillon*, et de *l'As de trèfle*, qui rappelle tout cela, plus *Fernande* et *Odette*; —

du *Nom*, qui rappelle *Mauprat*, *Lions et renards*, *le Roman d'un jeune homme pauvre*, Mlle *de la Seiglière*, *Par droit de conquête*, *le Prêtre*, *le Fils de Giboyer*, *Un beau mariage*, *les Fourchambault*, *le Gendre de M. Poirier*, *le Fils naturel*, *le Bâtard*, etc., et du *Pavé de Paris*, qui rappelle tout!... sans que l'on ait injustement accusé de plagiat, *le Roman parisien*, *la Glu*, Mlle *Nitouche*, *la Cigale*, *le Roi des grecs*, *l'As de trèfle*, *le Nom*, ni le *Pavé de Paris!...*

... Je fis jouer *Fedora* qui a un air de parenté avec *le Drame de la rue de la Paix* de Belot et cette fois la pièce étant de moi, on cria tout de suite : « au voleur!... »

Belot, homme d'esprit, n'eut garde de m'attaquer en justice. Il ne vit là que l'occasion de faire reprendre son drame, sous prétexte de soumettre la cause au jugement du public et de la presse ; et public et presse eurent vite fait de constater qu'il n'y avait pas d'autre ressemblance, entre nos deux pièces, que celle du point de départ.

En effet, — voici, en trois mots, le drame de Belot.

Un homme est tué. L'assassin présumé est arrêté puis relâché, faute de preuves ; mais le mort laisse une veuve, jeune, jolie, dont la police se sert comme d'une amorce pour entraîner le criminel à quelque fausse démarche qui le trahisse.

Voici maintenant *Fedora*.

Un homme est assassiné. Une femme qui l'aimait jure de le venger. Elle met la police sur les traces du meurtrier qu'elle soupçonne et se fait aimer de lui, pour lui arracher traîtreusement l'aveu de son crime.

Jusqu'ici, et en tenant compte de la différence absolue des milieux, des caractères et de la mise en œuvre, il est clair que des deux parts la donnée est à peu près identique.

Mais d'une même donnée, il est difficile d'extraire deux pièces qui se ressemblent moins que celles-là.

L'héroïne de Belot, après trois actes inutiles où l'action trépigne sur place, sans avancer d'un pas, reçoit enfin l'aveu spontané de l'assassin. — Elle croyait à un innocent : elle trouve un coupable, qui se tue... et la pièce finit là.

Mon héroïne à moi obtient par ruse l'aveu du meurtrier ; — mais elle croyait à un coupable ; elle trouve un innocent !...

Et c'est ici que ma pièce commence !

Convaincue de la culpabilité de ce malheureux qu'elle a fait arrêter, ruiner, condamner à mort, elle l'attire dans un guet-apens, où des gens apostés vont s'emparer de lui. Son innocence évidente, l'indignité de la victime bien établie,

bouleversent ses idées, ses sentiments, et par
suite toute l'action. — Impuissante à disputer
Loris aux agents qui guettent sa sortie, — avec
ordre de ne pas obéir à Fedora elle-même, si
elle tente de le sauver, — elle l'enferme dans sa
chambre, dans ses bras, et l'arrache à la mort en
se donnant à lui.

Or il n'y a rien de tel dans le drame de
Belot!... Rien absolument!...

Et c'est tout mon troisième acte : — le cœur
même de ma pièce!...

Continuons.

Fedora, dans l'égarement de sa colère, ne s'est
pas acharnée sur Loris seul... : elle a fait arrêter
son frère comme complice, et — quoi qu'elle puisse
faire ensuite pour le sauver, — le père de la victime se venge sur cet innocent de son impuissance
contre Loris. — Une heure vient où, en pleine
ivresse de son amour pour celui qu'elle a voulu
perdre, elle voit toute son œuvre se retourner
contre elle. La mère, le frère, les amis de Loris
sont morts, frappés par Fedora, et Loris va
l'apprendre... Elle tente en vain de lui arracher
son pardon, et désespérée, se tue, pour n'être pas
tuée par lui.

Rien de semblable dans la pièce de Belot!...
Absolument rien!...

Or c'est tout mon quatrième acte et tout mon dénouement...

Et l'on peut apprécier la bonne foi de certaines gens qui ont bien osé écrire que péripétie et dénouement étaient pareils dans les deux pièces.

Donc un seul point subsiste, — la similitude du point de départ.

Je pourrais établir sans difficulté que j'étais dans mon droit, en m'inspirant d'un sujet déjà traité par un confrère, pour en tirer un tout autre parti que lui; mais il y a mieux!... Je n'ai pas plus songé au *Drame de la rue de la Paix* que s'il n'existait pas, et ce n'est point du tout à Belot que je dois l'idée première de *Fedora!*...

C'est à l'histoire!...

Je lisais un jour le récit des démêlés de Philippe II et de son secrétaire Antonio Perez. On connaît l'aventure. — Perez avait fait assassiner Escovedo par l'ordre formel du roi. Peu après, celui-ci constate des rapports trop intimes entre la princesse d'Éboli, sa maîtresse, et le très galant secrétaire d'État. Il invite perfidement les parents d'Escovedo à poursuivre Perez en justice comme l'auteur du crime, et laisse instruire l'affaire, sans dire un mot pour la défense de son complice. Perez se voit sacrifié, s'évade, se ré-

fugie à Pau... La haine du roi l'y poursuit. Il
dépêche agents sur agents pour s'emparer du
fugitif, ou le tuer par surprise. Mais Perez est sur
ses gardes. Tout avorte. C'est alors que le roi
s'avise d'une ruse dont Perez nous a transmis
le curieux détail dans ses Mémoires [1].

« On alla, dit-il, trouver une dame admirable-
ment belle, aimable et surtout femme dans toute
l'acception du mot, on lui offrit dix mille écus et
six beaux genets d'Espagne, à la condition qu'elle
viendrait à Pau, y nouerait des relations amou-
reuses avec Perez, l'entraînerait chez elle, et là,
le livrerait aux sbires du roi, pendant la nuit. »

La dame accepte le marché, vient à Pau, mène
l'affaire vivement et voici Perez ensorcelé, fas-
ciné... Il est perdu !... Quand tout à coup la dame
se prend de belle passion pour sa victime, et au
moment de le livrer aux gens apostés à cet effet...
« Dans un élan subit d'expansion, dit Perez, elle
lui révèle toute l'affaire, quelles offres lui sont
faites ; et bien mieux, voulant effacer à ses propres
yeux jusqu'à l'intention qu'elle avait eue d'abord,
elle lui donne sa propre maison pour asile, avec
de telles protestations d'amour qu'il ne fallait pas
être grand sorcier pour deviner de quelles sortes

(1) Las obras et relationes, Genève, 1654, p. 176.

étaient les relations qui unissaient ces deux cœurs. »

Je vis là un excellent sujet de pièce, sauf l'abjection de l'héroïne, qui, pour dix mille écus et six chevaux, allait gaillardement livrer un homme au bourreau. Mais que cette femme, au lieu d'une espionne, fût une vengeresse... la sœur, la femme, la fiancée, la maîtresse d'Escovedo... tout changeait de face! — Prête à livrer Perez, elle constatait son innocence, l'indignité du mort..., le reste allait de soi!...

Et voilà tout *Fedora !*

J'ai conté à La Pommeraye, qui les a redites fort exactement, les modifications subies par ma pièce, avant qu'elle eût pris sa forme définitive ; et comment Perez est devenu Loris ; — la dame inconnue, Fedora ; — Philippe II, Yariskine. Le répéter serait inutile à la cause. — Il me suffit d'avoir établi que je n'ai rien emprunté à Belot, pas même mon point de départ, qui est historique.

Gageons maintenant qu'on va m'accuser d'avoir : « *plagié* l'histoire !... »

Errat. — Le renvoi de la page 33 se rapporte à la citation de M. Pouillet. Dernière ligne.

MES

PLAGIATS !

I

D'abord les faits.

Le lendemain de la première représentation d'*Odette*, j'achevais de déjeuner au café de l'Opéra, Mario Uchard vient à moi, me félicite du succès de la veille et m'exprime le regret de n'y avoir pas assisté : je lui donne un coupon de deux places pour le soir même ; il me remercie, nous nous serrons la main, et il sort.

Le surlendemain, même lieu, mêmes personnages. — Il arrive, débute par des compliments sur la pièce ; je l'invite à faire mettre son couvert à ma table, il s'installe et nous causons livres, théâtre. Il m'explique son procédé de travail qui m'étonne un peu, me parle de ses romans passés et futurs, d'une suite qu'il projette à l'*Oncle Barbassou*, et dont je ne vois pas bien la nécessité... enfin de la *Fiammina!*... Il m'assure que l'on s'est mépris en y voyant une sorte d'autobiographie; car la pièce est en contradiction avec les faits auxquels on fait allusion. Elle lui a, dit-il, été suggérée par telles aventures qu'il me raconte, et dont il fut témoin chez telles personnes, qu'il me nomme. Tout en déjeunant, je l'écoute: il dit ce qu'il veut, j'en prends ce qu'il me plaît, et la conversation va son train; mais du présent débat, de mes emprunts à la *Fiammina*, rien!... — Il n'a pas l'air d'y songer, et j'y songe encore moins. —Nous parlons de la *Buveuse de perles;* je lui avoue que je n'en ai lu que deux ou trois feuilletons. « Je vous l'enverrai », me dit Uchard; puis il ajoute : « Il y a certainement une pièce là dedans... vous devriez la faire avec moi... »

Ici, j'eus un grand tort, je le confesse. Mais on n'est pas toujours maître de soi. Le coup m'arrivait droit en pleine poitrine et très inattendu... Un mot m'échappa, ou plutôt un cri :

« — Oh! non!... »

C'était malhonnête évidemment. Uchard méritait, — à ce moment-là, —plus d'égards; mais, je

le répète, ce fut spontané, instinctif... l'instinct de
la conservation.

« — Pourquoi ? » me dit Uchard.

Ici je me rattrapai ; je fus poli, et l'entretien con-
tinua, sans que l'incident parût laisser trace.

Au même instant, deux personnes vinrent s'asseoir à la table voisine : Melchissédec et Sellier,
de l'Opéra. — Je ne les nomme que parce que
Uchard l'a fait avant moi. Melchissédec est le
gendre de Michaëlis, et Michaëlis est le premier à
qui j'ai confié la défense de mes intérêts en Amérique. Naturellement, d'une table à l'autre, il fut
question de lui, de ses affaires, des nôtres, des
adaptateurs anglais ; etc. — On me demanda si
Odette était vendue en Angleterre, je répondis
affirmativement ; mais des conditions et du prix
de la vente, pas un mot. Tout ce que Uchard
raconte à ce propos est de l'imagination pure : le
romancier nuit à l'historien. Je ne fais confidence
à personne de mes traités dramatiques ; ce n'est
pas pour les révéler en plein café, et surtout à
Mario Uchard ! — Fantaisie aussi, le traité que je
venais de passer avec Mayer. Il y avait beau jour
qu'il était signé. Fantaisie encore, cette somme de
cinquante mille francs que je venais de toucher à
l'instant même et que je portais sur moi ! Il ne
fut question ni de cinquante, ni de vingt-cinq, ni

de cent mille francs ; mais des traités étrangers, des précautions à prendre pour la garantie de nos droits, contre les traducteurs à l'affût, et j'eus à ce propos la bonté de donner à Mario Uchard des conseils qu'il raille agréablement. — Il a raison : ils étaient au moins inutiles. — On ne le traduit pas !

Ce qui est vrai, c'est qu'ayant fini de déjeuner, et voulant régler mon compte, je tirai mon porte-feuille où se trouvaient, non pas cinquante mille francs, avec lesquels je ne me promène pas dans la rue, mais quelques billets de banque, dont un que je voulais changer.

« — A ce moment, s'écrie Uchard, je devins rêveur... »

Il ne m'a pas échappé, en effet, qu'au moment même où les billets faisaient leur apparition au soleil, Uchard, assez loquace jusque-là, tomba subitement dans une méditation profonde, dont la signification m'allait être bientôt révélée.

Le soir même, je recevais la *Buveuse de Perles*, avec cet *ex-dono* :

« A mon ami Sardou. »

J'ouvre le livre au hasard, sur cette phrase :
« Fille d'un lord vingt fois millionnaire, elle avait fait son entrée dans le monde toute nue... »

Naturellement !

Ce jour-là « je ne lus pas plus avant. »

Je prenais l'envoi du livre pour une galanterie : c'était bel et bien une sommation !

Le 29 novembre, comme je n'avais pas donné signe de vie, je recevais une première-lettre de Uchard, qu'il a publiée à peu près exactement dans le *Figaro*, puis dans son dossier, et qu'il n'est pas nécessaire de reproduire ici. Je n'y relève pas d'autre lacune que certaine phrase relative aux *Vieux Garçons*, et qu'il a volontairement supprimée ; on verra pourquoi.

J'étais fort surpris. Le porteur attendait ma réponse. Je l'improvisai séance tenante. Elle fut courte, mais précise. Uchard demandait : « La pièce est-elle de vous, est-elle de moi ? Je m'y embrouille. » Je répondis :

« Mon cher ami,

« La question est fort simple. La *Fiammina* est
« de vous et *Odette* est de moi. Je ne reconnais
« pas, entre les deux pièces, d'autre ressemblance
« que celle qui résulte forcément de la même
« situation ; situation qui appartient à tout le
« monde et qui est du domaine commun : *La*
« *séparation du mari et de la femme.*

« Je n'ai même pas songé à relire la *Fiammina*
« en faisant *Odette*. Je ne dois rien à la *Fiammina* :
« je ne lui ai fait aucun emprunt. Vous êtes chez
« vous ; je suis chez moi. Je ne me suis pas plus
« inspiré de la *Fiammina* pour ma nouvelle pièce,
« que je ne m'étais inspiré de votre *Raymon*, pour
« les *Vieux Garçons* ; car, à cette époque-là, je ne le
« connaissais pas.

     « J'ajoute, pour le confrère : que s'il se croit en
« mesure de faire valoir les étonnantes préten-
« tions formulées dans sa lettre, il ne tient qu'à
« lui de porter le débat devant la commission
« dramatique.

     « Mais je m'adresse encore une fois à l'ami, et
« je ne le lui conseille pas : car, vrai, mon cher
« Uchard, votre réclamation est insensée.

     « Sur ce, poignée de main, quoi qu'il arrive.

                 « VICT. SARDOU. »

     Trois jours après, nouvelle épître de Uchard,
aussi doucereuse, aussi ambiguë que la première,
et toujours les grands mots : « Question capitale !... Propriété littéraire !... Intérêt général !... » etc. Comme il n'en a publié que des
fragments, je rétablis ici les passages qu'il a sup-

primés, pour cause, et qui ne sont pas les moins
intéressants.

« Mon cher ami,

« Au moment où m'est arrivée votre lettre, je
« vous écrivais pour vous rectifier sur ce mot de
« *plagiat*, que vous interprétez comme *un vrai bête*,
« (*sic*) attendu qu'il ne saurait avoir aucun sens
« entre nous, et qu'il ne pourrait s'appliquer qu'au
« cas où je ferais aujourd'hui la *Fiammina*, comme
« une œuvre nouvelle. Je disais, ce qui est clair
« comme le jour, qu'après votre *Odette*, il me
« serait absolument impossible de faire repré-
« senter la même pièce, contenant les mêmes
« données, les mêmes péripéties très marquantes,
« les mêmes effets particuliers d'une situation si
« poignante, rendus surtout avec l'autorité que
« vous avez conquise, *sans que l'on m'accusât, moi,*
« *de plagiat.*
« Quelque contention qui puisse s'élever entre
« nous, bien ou mal fondée qu'elle soit, nous
« avons assez de valeur tous les deux pour ne
« point sortir du langage de bonne camaraderie,
« non plus, je le pense, que de l'estime que nous
« avons l'un pour l'autre. Nous discutons une
« *question d'art* qui prend précisément toute son

« importance de nos personnalités : c'est suffi-
« samment dire que, dans sa forme, le différend
« ne peut que rester digne de nous deux. Ren-
« gainez donc *votre bêtise* que je vous laisse pour
« compte.

« *Il ne s'agit pas du tout de plagiat,* mon cher ami,
« *mais encore une fois d'un fait de rencontre* très carac-
« téristique, qu'il importe de faire régler à fond,
« pour déterminer nettement le droit commun.....
« Croyez-le bien, je me mets au-dessus des en-
« vieux et des chicanes. Et vous allez bien le voir.
« Si, pour fixer un point de fait que très sincère-
« ment je considère comme nous intéressant tous
« deux, je me crois forcé d'engager cette cam-
« pagne, tenez pour certain que j'entends la me-
« ner, en vous donnant une poignée de main.
« Voilà de la courtoisie, où je ne m'y connais pas.

« Quant à *Raymon*, je prends ce que vous me
« dites pour dit. Ce qui n'empêche pas que je vais
« aussi vider mon sac là-dessus, *sans reproche,*
« *puisque vous ne le connaissiez point.* J'avais fait ce
« roman pour en tirer une pièce. Elle marchait
« déjà bon train, lorsque : crac... parurent vos
« *Vieux Garçons.* — Imaginez le nez que je fis.
« L'année suivante, j'élucubrais pour Delannoy
« une *Comtesse Diane* avec amour. *Mon clou,* c'était
« le garçon, épris de sa marraine. Découvert par

« le mari, pour sauver la femme, *il se déclarait*
« *fou !*... J'avais deux actes de prêts, quand m'acca-
« blèrent vos *Bons Villageois*. Votre *clou*, c'était le
« garçon qui, surpris, *se dénonçait comme voleur.*
« Il va sans dire, mon cher ami, que je n'argue
« absolument rien de cette autre rencontre. Ma
« pièce était encore flambée : voilà tout. Je m'en
« consolai. Mais avouez que la malechance me
« poursuivait.

« Maintenant que je vous ai tout dit bien
« franchement, mon cher Sardou, je vais vous
« donner un gage qui mettra, j'espère, les choses
« entre nous au point vrai de cette camaraderie
« qui reste au fond de nos deux lettres. Cette
« affaire de votre *Odette* est *bête, bête, bête !*.. à l'état
« de *plainte de moi contre vous*. Pour vous prouver
« mon intention de la traiter en ami, voici ce que
« je vous propose. Je suis enrhumé comme un
« loup et consigné chez moi : venez me voir, et
« nous nous entendrons tout tranquillement pour
« présenter la chose de concert à la commission
« comme un point litigieux survenu entre nous et
« que nous désirons faire élucider par nos pairs
« et cela d'un commun accord.

« Cette situation est à coup sûr originale. Il
« s'agit de savoir si, en fait d'originalité, vous

1.

« resterez en arrière de moi. Hein ! faut-il que je
« sois sûr de ma cause?

« Je me lève à sept heures du matin, je me
« couche à huit heures du soir : n'apportez pas
« vos armes, j'en ai.

« A vous.

« MARIO UCHARD.

« *P.-S.* Mon Dieu, gredin, que vous écrivez mal. »

Le texte de cette lettre, tel que Uchard l'a publié dans le *Figaro* d'abord, puis dans son dossier, diffère essentiellement de l'original, et l'on y
chercherait vainement tout ce qu'on vient de lire.

Pourquoi Uchard, qui n'avait pas hésité à publier sa première lettre *in extenso*, a-t-il ainsi tron-
qué et dénaturé la seconde ?

On en verra tout de suite la raison, si l'on
s'arrête aux passages qu'il a pris soin lui-même de
souligner, comme pour les recommander à notre
attention.

C'est que ces passages-là, eu vue d'un procès,
devenaient fort embarrassants. Ils étaient le
désaveu formel de toute sa conduite et la con-
damnation de sa cause.

Comment pouvait-il, par exemple, insérer dans
son dossier judiciaire une lettre où il déclare :

« — Que nous discutons une question d'art, rien de plus.

« — Qu'il place la question tout à fait en dehors de nous.

« — Et enfin que cette affaire est *bête, bête, bête,* à l'état de *plainte de lui contre moi.* »

Et cela au moment même où il m'assigne devant le tribunal civil !

C'étaient autant de démentis qu'il se donnait à lui-même. Et ces passages l'incommodant, il prit le parti de les supprimer.

Quant à la proposition « *très originale* » de porter le débat devant la commission, il m'était d'autant plus facile de n'être pas en arrière de Uchard, pour cette *originalité-là,* que c'était moi qui le premier en avais fait l'offre...

Nous ne différions que sur un point... Uchard souhaitait d'abord une entrevue *amicale,* chez lui, — et je ne voyais pas du tout la nécessité de cette réunion préparatoire. J'y répugnais même tout à fait, pour des raisons que j'aime mieux laisser deviner.

Je fis donc à cette lettre une réponse que je ne reproduirai pas ici, car elle traite la question de fond, que j'aurai plus loin à discuter longuement et cette répétition des mêmes arguments serait fastidieuse pour le lecteur. Je ne citerai que le passage concernant les *Bons Villageois*. Uchard, on l'a vu, m'accusait tout doucement de lui avoir emprunté « son clou » — c'est-à-dire l'amoureux qui se fait passer pour fou, dans son roman, et pour voleur dans ma pièce.

« Ouvrez, lui disais-je, la *Villa Palmieri*, de Dumas, p. 156, édition Lévy. Vous y trouverez l'aventure d'Hippolyte Buondelmonte, qui, surpris au moment où il descendait du balcon de Dianora Bardi, se fit passer pour un voleur, afin de sauver l'honneur de la jeune fille, et condamné à mort, comme tel, ne fut sauvé que par les aveux de Dianora. C'est un fait historique, relaté dans toutes les chroniques du temps, qui, à ce titre, appartient à tout le monde, et qui m'a donné l'idée première de ma fable. La chronique est de l'an 1200!... nous voilà un peu en avance sur la *Comtesse Diane !* »

Et j'ajoutais amicalement :

« Voyez, mon cher Uchard, comme vous me fournissez vous-même un bel exemple de la frivolité de ces sortes de critiques. Que le présent débat n'eût pas lieu, vous seriez mort convaincu que je m'étais inspiré de la *Comtesse Diane* pour mes *Bons Villageois*. Je vous prouve authentiquement qu'il n'en est rien, que l'idée première réside dans un fait historique, et vous voilà muet comme un

poisson. Qui m'empêcherait maintenant de vous
dire : « Et c'est là que vous avez puisé vous-même
cette donnée de l'amant qui se fait passer *pour
fou ?...*» Vous vous récriez; vous protestez !... Parbleu je sais bien qu'il n'en est rien, moi, qui suis
raisonnable ; mais par le ridicule de cette suppo-
sition, vous pouvez juger de la vôtre. Elles ont
juste la même valeur. »

La réponse était si précise, que Uchard trouve
bon de supprimer le tout, attaque et riposte, et
voilà pourquoi il n'y a plus trace, dans sa correspondance, de ce fameux *« clou »*, si lestement rivé.

C'est à ce propos que je lui parlais en riant de
sa « *monomanie* », comme il m'avait gaiement
parlé de ma « *bêtise* ». Il a bien cité le mot ; mais
il n'a eu garde de dire ce qui l'avait motivé.

Je ne fatiguerai pas plus longtemps le lecteur
de cette correspondance dont il a déjà les oreilles
rebattues. Qu'il me suffise de dire que ma lettre se
terminait par une invitation pressante à déférer
le débat à la commission dramatique, car j'allais
quitter Paris.

A quoi Uchard répondait : — « Qu'à cela ne
tienne : — Partez ! — Il n'est pas absolument
nécessaire que vous présidiez les assises qui nous
jugeront, et vous pourrez envoyer de Nice tous
les documents explicatifs. »

C'était enfantin. — Car, 1° — la commission, dans de tels cas, n'est jamais présidée par le commissaire mis en cause. Il n'a même plus de droit de siéger.

Et, 2° — le débat doit être contradictoire : c'est-à-dire que la commission exige la présence des deux parties, pour qu'elles exposent leur cas, elles-mêmes, *verbalement*.

Mais plus j'insistais pour l'intervention immédiate de la commission, plus Uchard se dérobait par des faux-fuyants de toute sorte. — Du 29 novembre au 13 décembre, notre correspondance peut se résumer dans ce petit dialogue aigre-doux :

UCHARD : — « Venez donc me voir, cher ami, je ne sors pas avant onze heures du matin. »

MOI : — « Comme ça se trouve ! — Moi non plus ! »

LUI : — « Alors, venez le soir : nous causerons, en prenant une tasse de thé. »

MOI : — « Non, le thé me fait mal. »

LUI : — « Eh bien ! vous prendrez autre chose. »

MOI : — « Non, je ne veux rien prendre, ni qu'on me prenne rien. »

LUI, *plus amer* : — « Alors, vous ne voulez pas venir chez moi ? »

MOI, *résolu* : — « Non ! »

Lui : — « Je vais vous attaquer devant la commission ! »

Moi : — « Voilà quinze jours que je vous en prie. Mais dépêchez. Je vais partir ! »

Lui : — « Tant mieux ! Vous ne serez pas là pour vous défendre ! »

Moi : — « C'est d'un brave ! — Bonsoir ! »

Mis ainsi au pied du mur, Uchard était assez embarrassé. — Au fond, il était bien décidé à esquiver l'arbitrage de la commission. — Pourquoi? me dira-t-on. — Quelqu'un a supposé les motifs suivants que Uchard a eu le tort de ne pas désavouer : — « M. Sardou est depuis près de vingt ans membre et vice-président de la commission. Il y jouit de toute l'influence à laquelle peut avoir droit un auteur dramatique qui a donné à ses confrères l'exemple du succès et leur a montré le chemin de la fortune. En dehors du théâtre même, Sardou est un homme important : le président de la commission appelée à la juger, M. Auguste Maquet, est candidat à l'Académie française ; il compte évidemment sur la voix de l'auteur d'*Odette*. Trois ou quatre membres de la commission sont dans le même cas. M. Coppée et M. Bornier par exemple. Voilà des juges qui pourraient être récusés pour cause de suspicion légitime. [1] »

Une commission composée de Maquet, Labiche, Dumas, Gounod, Bornier, Claretie, Pailleron, Delpit, Coppée, Guiraud, Ferrier, Becque, Joncières..., récusée pour cause de suspicion légitime!... Je ne veux pas croire que Uchard ait obéi à un sentiment si injurieux pour elle, ou plutôt pour lui! — Non, ce n'était pas cette raison-là!...

Mais, quoi qu'il en soit, récuser l'arbitrage de la commission, c'était chose grave et de nature à jeter sur sa cause la défaveur la plus méritée. La commission est l'arbitre naturel de ces sortes de discussions. C'est un tribunal de famille, éclairé, bienveillant, qui cherche toujours l'accommodement possible et le plus souvent renvoie, bras dessus, bras dessous, des adversaires qui sont venus à elle, ne se parlant qu'à la troisième personne! — Vingt minutes d'explications amicales devant elle, et la question littéraire était résolue!

Uchard s'en doutait bien. Mais cette solution-là étant celle dont il se souciait le moins, comment faire pour s'y dérober et tout en sollicitant l'arbitrage de la commission, pour la mettre dans l'impossibilité de l'accorder? — Il y réussit par le petit mouvement stratégique que l'on va voir.

---

1. *Événement* du 16 décembre 1881. Art. de M. A. Scholl.

Le lundi 12 décembre, le président de la Société, Auguste Maquet, entrant par hasard au siège de la commission, s'y trouva face à face avec Uchard, qui venait déposer une lettre à son adresse. Uchard ne s'attendait pas à cette rencontre inopportune qui pouvait ruiner toutes ses combinaisons. En effet la lettre déposée le 12 ne devait être lue en séance que le vendredi suivant, c'est-à-dire le 16. Et Uchard savait bien que, le 16, on ne pourrait plus faire droit à sa requête. Toutefois, acceptant le contre-temps : « — Vous venez bien, dit-il à Maquet, j'apportais cette lettre pour vous. »

Maquet prit tout de suite connaissance de la lettre que voici :

« Mon cher Président,

« J'ai l'honneur de vous prier de vouloir bien
« saisir la commission d'un différend survenu
« entre notre confrère et ami Sardou et moi, à
« propos de sa nouvelle pièce *Odette*, en ce mo-
« ment représentée au Vaudeville, et dont le
« fond offre les plus grandes analogies avec ma
« *Fiammina.*

« Bien qu'il n'y ait là, à coup sûr, qu'un hasard
« de rencontre sur le même sujet, et que ses deux

« premiers actes n'aient aucune ressemblance
« avec les miens, il serait impossible pourtant de
« n'être pas frappé de l'identité de situation qui
« apparaît tout à coup entre nos deux œuvres, dès
« qu'il aborde l'action de son drame. Parties du
« même point sur la même idée de séparation,
« nos deux pièces aboutissent absolument au
« même nœud, au même fond de débat, aux
« mêmes péripéties, aux mêmes scènes, au même
« dénouement.

« Sans songer le moins du monde à accuser
« mon ami Sardou de cette ressemblance signalée
« dès le premier soir par le public et par la presse,
« je crois, néanmoins, mon cher Président, qu'il
« est pour tous d'une importance extrême de
« régler cette question trop hautement discutée
« à cette heure pour qu'il soit possible de passer
« outre, sans que la Commission se prononce sur
« un fait dont la très grande autorité de Sardou
« ferait peut-être un précédent terrible aussi bien
« en France qu'à l'étranger.

« Je crois enfin que si ses objections étaient
« admises, nul de nous n'aurait plus de garantie
« pour ses œuvres.

« Il importe de définir et de fixer une jurispru-
« dence qui fasse loi sur ces cas de rencontre dans
« une même situation et dans une même idée, de

« façon à délimiter la propriété de chacun. Il im-
« porte enfin d'établir des bases certaines sur ce
« point :

« *Où commence et où s'arrête le droit de reconven-*
« *tion d'un auteur sur un sujet déjà traité par lui.*

« J'ai l'honneur de vous déposer en même temps
« que cette lettre un exemplaire de ma *Fiammina*,
« en vous priant de vouloir bien inviter Sardou à
« vous déposer aussi son manuscrit, afin qu'il me
« soit possible de prouver les rapprochements sur
« lesquels je me fonde.

« Veuillez agréer, etc.

« MARIO UCHARD. »

Paris, 12 décembre 1881.

« — Voilà qui va bien, dit Maquet après avoir
lu : — Sardou m'a dit que non-seulement il
acceptait, mais qu'il sollicitait l'arbitrage de la
commission. Vendredi elle avisera et vous assi-
gnera sans doute pour le vendredi suivant.

« — Demain matin, dit négligemment Uchard,
vous lirez dans le *Figaro* un article de moi sur
cette affaire.

« — Ah ! ceci est différent, répliqua Maquet, la
commission n'admettra pas une discussion dans
les journaux au moment même où elle est saisie

de l'affaire. Si vous voulez qu'elle tranche le différend à l'amiable, il ne faut pas qu'il soit enve-
nimé par un débat public, et vous devez, suivant
la règle, accepter la décision du comité, sans recours ni polémique d'aucune sorte.

« — C'est, dit Uchard, que l'article est déjà
composé.

« — Peu importe : courez au *Figaro* et retirez-le ;
c'est indispensable.

« — J'y vole, dit Uchard ! »

Le soir même, Maquet recevait la lettre suivante :

Lundi soir.

« Monsieur le Président,

« J'arrive au *Figaro* trop tard ; mon article com-
« posé ne peut plus être remplacé. Donc, impos-
« sible de suivre votre bon conseil. Je n'ai traité
« là, du reste, qu'une très importante question
« littéraire, en remettant les choses au point de
« mes bonnes relations avec Sardou, et pour re-
« dresser surtout le mot de *procès en contrefaçon*
« *méchamment* prononcé déjà. Je veux espérer qu'il
« n'y aura rien dans cette rectification qui puisse

« empêcher l'intervention de notre conseil de fa-
« mille.

« Regrets et bien à vous.

« MARIO UCHARD. »

Le lendemain matin, l'article paraissait, l'arbitrage de la commission n'était plus possible. —
Le tour était joué !

L'article du *Figaro* était précédé d'un petit avant-
propos que Uchard n'a pas jugé utile d'insérer
dans son mémoire, mais que je n'aurais garde de
passer sous silence. Il est curieux à plus d'un
titre ; le voici :

« Mon cher Magnard,

« Une discussion, toute de camaraderie, entre
« Sardou et moi, soulevée à propos d'*Odette*, et
« déjà rapportée par des journaux, prend des
« tournures si absurdes qu'il me faut la réduire
« bien vite aux véritables conditions d'estime et
« de confraternité, dont nous ne saurions pas
« nous séparer. On parle de procès de contre-
« façon. Un tas d'inimitiés envieuses (que je lui
« jalouse), et que gêne son trop incontestable

« talent, m'envoient des dénonciations stupides
« sur de prétendus plagiats, en des lettres aussi
« saugrenues qu'anonymes. Pour ces amateurs
« de scandales, enfin, il m'appartient de poser le
« débat dans les termes dont il ne peut sortir, de
« Sardou à moi, c'est-à-dire avec toute la franche
« sympathie que je ressens pour lui, pour son
« esprit d'un titre si rare parmi nous, et qui vaut
« qu'on l'admire même en s'en plaignant. Il s'agit
« enfin d'une question littéraire des plus hautes
« à décider, et après le jugement de laquelle,
« quel que soit le vaincu dans cette lutte, nous
« nous donnerons une bonne poignée de main.

Le *Figaro* est une tribune ouverte à toute idée
« de grand essor : voulez-vous m'y accueillir ?...
« Oui ! merci, et

« Bien à vous,

« Mario Uchard. »

Toutes ces galanteries étaient accompagnées de
l'article que l'on sait, aussi blessant dans le fond
que mielleux dans la forme.

A cette longue dénonciation, je fis la seule réponse que méritait la petite manœuvre que je
viens de décrire. Je répondis par trois mots très

secs : que Uchard ayant saisi le public de la question, c'était au public seul à la résoudre. Les pièces du procès étaient sous ses yeux. On jouait *Odette*, la *Fiammina* était imprimée. Tout le monde pouvait comparer l'une à l'autre... J'ajoutais que cela ferait vendre quelques brochures de la *Fiammina*, seul but que me semblait viser *mon ami* Uchard.

J'atténuais singulièrement ma pensée en ne supposant pas à Uchard d'autre but que celui-là ; mais l'insinuation était suffisante pour le mettre en demeure d'en finir avec ces étalages de faux désintéressement et de fausse camaraderie dont je commençais à être las. Cette comédie durait depuis quinze jours : j'avais hâte de quitter Paris.

L'effet fut immédiat. A la très bénigne plaisanterie « des brochures, » Uchard bondit, joue l'indignation, lève les bras au ciel, s'écrie : « — J'avais placé la question dans les régions sereines de l'art..., Sardou la rabaisse au plus vil mercantilisme !... Elle n'est plus digne d'intéresser des hommes de lettres !... *Je retire ma demande d'arbitrage !...* et je porte l'affaire au tribunal civil !... »

Eh ! allons donc !... Enfin !...

Tout en m'applaudissant de ce petit succès, je me demandais ce qu'il fallait admirer le plus :

L'empressement de Uchard à jeter le masque et à nous montrer enfin son visage à découvert?...

Ou l'assurance avec laquelle il déclarait *renoncer à un arbitrage* qu'il avait rendu lui-même impossible?...

Donc! récapitulons :

— Voici un camarade qui parle de faire juger notre différend, à l'amiable, par un tribunal de famille, et qui, *au même instant*, saisit brutalement le public de la question et rend volontairement cet accord amical impossible.

Voici un galant homme — à ce qu'il dit — qui se permet de publier une correspondance que rien ne l'autorise à mettre au jour, et qui se place volontairement dans l'alternative :

Ou de publier ses lettres, sans mes réponses, ce qui n'est pas d'une correction parfaite...

Ou de publier mes réponses, sans mon aveu; ce qui ne vaut pas mieux...

Ou de n'en publier que des fragments; ce qui est encore pis !

Voici un confrère qui proteste à plusieurs reprises contre l'intention qu'on lui prête de faire de ce débat une question personnelle entre nous...

Et qui en fait une question personnelle entre nous !..

Qui reconnaît dans toutes ses lettres et dans le

préambule de son article au *Figaro*, qu'il n'y a, entre *Odette* et *la Fiammina*, qu'un hasard de rencontre sur le même sujet, dont il est loin de m'accuser !...

Et qui m'en accuse !..

Qui s'écrie avec indignation : « on ose parler *méchamment* d'un procès en *contrefaçon !...* »

Et qui me fait *méchamment* un *procès en contrefaçon !...*

Qui proteste contre les *inimitiés envieuses* qui m'entourent...

Et qui s'associe à ces *inimitiés envieuses !...*

Enfin qui me traite de « *bête* » pour avoir supposé qu'il pût m'accuser de plagiat !...

Et qui m'assigne au tribunal civil, pour *plagiat !...*

Je m'abstiens de conclure.

Le vendredi suivant, la commission recevait une lettre de Uchard déclinant son arbitrage.

On ne pouvait pas se moquer d'elle plus galamment...

Et peu après je recevais moi-même assignation par-devant le tribunal civil, pour m'y entendre condamner, comme *contrefacteur*, à des dommages-intérêts...

C'est en déchiffrant ce grimoire que je revis, en souvenir, tout le prologue de cette petite comédie...

Le café de l'Opéra... à la table voisine les deux chanteurs, Melchissédec et Sellier, déjeunant... — Moi réglant ma note... mon portefeuille ouvert sur la table... Et Mario Uchard rêveur !

II

Avant d'aborder la discussion, que le lecteur me permette une parenthèse...

Uchard m'avait fait espérer une lutte courtoise, et cette courtoisie consistait surtout à s'abstenir de toute allusion à nos talents réciproques ; le talent n'étant pas ici en question. — Malheureusement mon adversaire raisonne un peu l'urbanité comme l'art dramatique. Et puis, son démon l'entraîne... Il n'a pas su tenir la bride à certaine verve satirique, qu'on ne lui soupçonnait pas, et dont il est regrettable qu'il n'ait pas fait un plus fréquent emploi dans ses comédies... Son mémoire n'est rien moins que la discussion sérieuse du point en litige ; mais, en revanche, *Odette* y est l'objet d'une critique sévère, et d'autant plus facile, que mon adversaire suppose à mes personnages des insanités, dont son imagination a tout l'honneur, pour se donner ensuite le régal de les signaler !

Il est mieux encore, ce mémoire !..

C'est un réquisitoire à fond de train contre mon théâtre tout entier.—«Les pièces de Sardou, dit l'auteur de *Tamara*, qu'est-ce que c'est que ça?... Articles Paris... jolies femmes... modes et toilettes... Sardou est un *amuseur*... voilà tout ! » — Eh! ne l'est pas qui veut... Uchard en sait quelque chose. — « Son théâtre, dit-il encore, c'est *l'actualité* ! »— Mais oui, quelquefois !... Et les plus grands maîtres m'en ont donné l'exemple. Vous le premier, cher confrère! Ainsi votre *Fiammina !*... Vous avez exploité l'actualité, cette fois-là, d'une façon un peu vive, convenez-en, et il y a là-dessus une bien jolie prédiction d'Augustine Brohan, que vous avez cruellement justifiée ! — Enfin, mes pièces sont des *passe-partout !*... ça se *monte*, ça se *démonte!*... Et mes *trucs!*... Et mes *ficelles!*... Bref, tout ce qui serait mon grand talent, si je l'avais mis au service de *la Buveuse de perles !*

On pense bien que je ne vais pas suivre Uchard dans cette ornière... J'ai mieux à faire que de discuter avec lui la valeur de mes procédés; c'est de les conserver et surtout de ne pas les troquer contre les siens ! — Tout ce que je veux dire à ce propos, c'est que dans ce débat où les personnalités ne devaient pas être en cause ; si elles y sont, il n'y a pas de ma faute. — Le lecteur voudra bien ne pas oublier que je suis sur la défensive, et que je n'emploie que les armes dont mon adversaire lui-même a fait choix !... Cette remarque n'est pas superflue. Le public n'est pas toujours équitable en telles matières ; il a volontiers plus d'indulgence pour l'attaque que pour la riposte. — Un seul exemple :

Un jour certain romancier, critique à ses heures, pour exalter son propre mérite et rabaisser celui de ses confrères, écrit sous la forme d'un refrain, répété trois fois dans le même article :

« — M. Sardou n'a pas mon estime littéraire. »

Je lui réponds :

« — Oh ! que j'en suis donc ravi ! »

Et toute la confrérie de s'écrier :

« Ce Sardou ! quel caractère ! — On ne peut pas lui décocher une grossièreté, qu'il ne vous détache une impertinence ! »

Ai-je besoin d'ajouter qu'il n'y aura ici rien de tel ! — Quelques innocentes railleries, tout au plus, comme Uchard les aime, — et de bonne et franche amitié, toujours : — cela va sans dire !

III

Maintenant, discutons :

« — Il importe, dit Uchard, qu'on fixe les limites de la propriété littéraire !.. Où commence, où s'arrête le droit de reconvention d'un auteur sur un sujet déjà traité par lui ? »

La question est délicate, mais elle n'est pas neuve. Il n'y a guère que deux mille ans qu'elle est posée et le bon sens public l'a toujours résolue de la même façon.

Ce n'est pas sans discussion, bien entendu, et la formule n'a pas été trouvée du premier coup.

Ainsi les uns voulaient que la propriété littéraire commençât où commence la création.

C'était résoudre la question par un problème...
— Car où commence la création elle-même ?

D'autres disaient : — « C'est bien simple ; vous faites un chef-d'œuvre... personne ne s'avise de le refaire ; et voilà votre propriété constituée. »

Le conseil est bon, mais difficile à suivre. — Et puis, c'est réduire singulièrement la propriété littéraire que de la borner à la perfection.

D'autres ont dit : — La propriété littéraire ?... Il n'y en a pas ! »

C'est l'avis formel de M. Weiss, presque celui de MM. Sarcey et Fouquier.

Ce n'est pas le mien. — Je crois à la propriété littéraire, et fermement. Mais je crois à la *vraie*, qui n'est pas telle que la conçoit Mario Uchard.

« La propriété littéraire réside dans la forme particulière que l'artiste ou l'écrivain ont su donner à une idée générale. »

Cette définition n'est pas de moi : — elle est de tout le monde. — Si Uchard a pris le soin de feuilleter Voltaire, Laharpe, Nodier ; etc., s'il a lu tous les articles consacrés à notre différend, il a trouvé partout, chez les anciens, chez les modernes, cette formule constante, invariable :

« La propriété littéraire est une question de forme. »

Et comment en serait-il autrement ? L'humanité est toujours la même. Elle se répète sans cesse. Ce sont toujours mêmes passions, mêmes ridicules et mêmes vices. Le drame et la comédie, exploi-

tant ces passions, ces ridicules, ces vices, tournent forcément dans le même cercle. — On ne
peut pas inventer un homme nouveau, ni le peindre autre qu'il n'est. — Nous ne faisons donc,
artistes ou écrivains, que reprendre constamment
l'œuvre de nos devanciers, avec les modifications
qu'entraîne la diversité des conditions sociales,
du langage, des mœurs, etc. — En réalité, sous
la variété de la forme, c'est toujours le même
fond. — Hamlet, c'est Oreste ;... Orosmane, c'est
Othello ;... Grandet, c'est Harpagon !... C'est-
à-dire toujours l'amour, la jalousie, l'adultère,
l'avarice : en un mot, l'éternelle humanité...

Mais ce matériel des idées communes, chacun
peut l'exploiter à sa guise. Si le fond est toujours
le même, la forme peut varier à l'infini. Et par
l'empreinte toute personnelle que l'auteur sait
donner à l'idée commune, du sujet le plus vieux,
le plus rebattu, il peut extraire une œuvre originale et toute neuve.

Et c'est là... là seulement que sa propriété apparaît.

Elle n'est pas dans *l'idée* qu'il exploite. Elle est
dans le parti qu'il en tire.

Par conséquent une idée, un *sujet*... — J'emploie
à dessein ce terme consacré qui a le mérite d'être
clair, — un sujet de pièce est à tout le monde.

Ce qui est à l'individu, c'est l'aspect particulier, sous lequel il envisage ce sujet, et la façon dont il le met en relief,—dont il combine sa fable, groupe ses personnages, et les fait agir et parler : bref toute sa mise en œuvre qui est bien à lui et que personne n'a droit de lui prendre.

Ceci posé, quand Uchard dit : — « J'ai traité, « avant Sardou, la séparation conjugale et ses « conséquences; je lui défends de la traiter à nou- « veau, car elle est à moi[1]. » — Je réponds : — Elle est à tous ! — La séparation conjugale est un fait social que chacun peut exploiter à sa manière, par le roman, le livre ou la brochure, à la tribune, en chaire ou sur la scène.. Et Uchard n'est pas plus autorisé à me l'interdire, comme son bien, qu'à me crier : « Je vous défends de passer dans *ma* rue, de traverser *mon* boulevard ! »

Mais ce qui est à Uchard, c'est la forme particulière, dont il a su revêtir cette idée générale. — S'il établit que dans nos deux pièces, la séparation des époux se produit de la *même* manière et par les *mêmes* causes ; qu'elle entraîne les *mêmes* conséquences ; que les *mêmes* personnages y expriment les *mêmes* sentiments, dans les *mêmes* situations... Oh! alors, oui, j'ai commis le délit signalé par M. Pouillet : — Je lui ai pris tout à la fois : « son

1. Uchard, p. 79.

sujet, son *plan* et ses *épisodes* », ma pièce n'est plus que le décalque de la sienne, et sa plainte est légitime...

C'est bien ce qu'il prétend !...
C'est ce que je nie.....
C'est ce qu'il faut examiner :

IV ·

Pour établir la parfaite concordance d'*Odette* et de la *Fiammina*, Uchard s'est avisé d'un moyen très ingénieux. Il a dressé le petit tableau synoptique que voici :

ARGUMENTUM

DE LA *Fiammina* OU D'*Odette* (AD LIBITUM)

Le comte de Clermont ou Daniel Lambert } est séparé de sa femme. Il a gardé un enfant qu'il a élevé, en lui disant que sa mère était morte. — Quinze ans se sont passés depuis la séparation, lorsque les deux époux se rencontrent à { Nice / Paris, juste au moment où le { comte / Daniel espère un mariage pour { sa fille / son fils avec { le fils / la fille de son ami { Mᵉ de Méryan / Duchateau }, seulement il va falloir révéler toute la vérité sur la situation, et la conduite de la mère devient un obstacle. — « Si votre femme était restée en Italie, ne portant point votre nom, { écrit Mᵉ de Méryan / dit Duchateau }, j'eusse été { très heureuse / très heureux } d'unir nos deux familles, mais elle est revenue { à Nice / à Paris } dans une position très irrégulière, ce qui rend le mariage impossible. » Tout est rompu. Désespoir des amants. Quand, par un effet de la grâce, la mère coupable en retrouvant son enfant ressent tout à coup un élan d'amour maternel mal éteint dans son cœur. Apprenant qu'elle est un obstacle au bonheur de { son fils / sa fille, } elle se dévoue et, pour expier sa faute, elle disparaît en quittant le théâtre, le monde, ou bien se jette à l'eau. »

Acceptons ce tableau tel qu'il est, c'est-à-dire avec de volontaires et grossières inexactitudes, qu'il me serait trop facile de relever, et qui supposent dans une pièce ou dans l'autre ce qui n'y est pas : la chose est de médiocre importance.

Il est clair qu'à première vue et pour le lecteur qui juge sur l'apparence, ce petit tableau semble donner raison à mon adversaire.

Mais signaler dans deux pièces tout ce qui les rapproche, par l'idée générale, en omettant avec soin tout ce qui les sépare dans l'exécution et sans

tenir compte de la différence des points de départ,
des caractères, des situations, des milieux, du sentiment et du langage ; en un mot de tout ce qui
est la forme particulière à l'œuvre : c'est raisonner
comme un homme qui, mettant côte à côte deux
squelettes, vous dirait : « Voyez comme ils se ressemblent. »

Certes !... mais rendez à chacun ses muscles,
ses nerfs, ses mouvements propres, sa bouche,
son nez particuliers, et vous aurez deux hommes
bien différents.

Un exemple fera mieux sentir au lecteur le peu
de valeur d'un tel rapprochement.

Supposons... — que l'on me pardonne un tel
blasphème !... — supposons que Uchard est Molière, et que je suis, moi, Beaumarchais !... — Il
a fait jouer l'*École des Femmes* : je fais jouer le
Barbier de Séville. Il m'accuse de plagiat et il le
prouve par le petit tableau suivant :

ARGUMENTUM

DE L'*École des Femmes* OU DU *Barbier de Séville*
(AD LIBITUM)

Arnolphe
Bartholo } est le vieux tuteur d'une jeune fille
{ Agnès
Rosine et il est amoureux de sa pupille, qui ne

3

peut pas le souffrir et qui lui préfère un jeune galant { Horace / Almaviva }. C'est en vain que { Arnolphe / Bartholo } fait bonne garde et cherche à supprimer tous rapports entre { Agnès / Rosine } et { Horace / Almaviva }. La pupille est plus fine que son argus et en dépit de toutes les ruses de { Arnolphe / Bartholo }, elle trouve le moyen de correspondre avec { Horace / Almaviva } et même de le recevoir dans la maison de son tuteur, à l'insu de celui-ci. Enfin { Arnolphe / Bartholo } se décide à brusquer les choses par son mariage avec { Agnès / Rosine } ; celle-ci en donne avis à son amant et au moment même où le tuteur croit triompher, { Agnès / Rosine } se fait enlever par { Horace / Almaviva } et l'épouse à la barbe de { Arnolphe / Bartholo }, qui est forcé de consentir à cette union.

Et voilà le *Barbier de Séville* bien convaincu d'être exactement la même pièce que l'*École des Femmes* [1].

Il m'a suffi pour cela de procéder exactement

---

1. J'avais déjà signalé cet exemple à Sarcey, quand je l'ai retrouvé sous une autre forme dans l'excellent article que M. Brunetière a consacré à ce débat (*Revue des Deux-Mondes*, 15 janvier 1882) et dont les conclusions sont si défavorables à Uchard. Ceci pour qu'il ne m'accuse pas d'emprunter ma défense à M. Brunetière, ce qui serait d'ailleurs parfaitement mon droit.

On trouvera un exemple tout pareil de l'abus que l'on peut faire de ces sortes de tableaux dans le *Journal intime de la Comédie-Française* de M. G. d'Heilly, p. 428. D'un rapprochement semblable, il résulterait que le *Supplice d'une femme* est exactement la même pièce que l'*Adultère* du sieur Chalumeau, publié en 1791.

comme Uchard : de supprimer, dans la dissection
des deux pièces, tout ce qui est la saveur propre,
l'originalité, la force de chacune d'elles ; tout ce
qui distingue l'ingénieuse Rosine de l'ingénue
Agnès, Bartholo d'Arnolphe, Almaviva d'Horace ;
de négliger l'intrigue qui diffère, les scènes qui
n'ont rien de commun, le dialogue, le style, etc.
Bref, tout ce qui fait de l'*École des Femmes* une
œuvre originale, bien à Molière, et du *Barbier de
Séville* une œuvre personnelle, toute à Beaumarchais.

Et, admirable résultat qui prouve bien la valeur
du procédé Uchard, j'ai pu raconter tout le *Barbier de Séville*, sans prononcer une seule fois le nom
de Figaro !...

Où trouverait-on une démonstration plus écla-
tante de cette vérité que j'affirmais tout à l'heure :
« Tout est dans la forme ! » — Molière et Beaumarchais ont puisé l'idée de leurs pièces à la
même source : dans la *Précaution inutile* de Scarron, qui l'avait empruntée aux *Facétieuses nuits* de
Straparole, qui l'avait trouvée lui-même dans le
Pecorone de ser Giovanni, qui la tenait d'un autre,
lequel, etc., et ainsi de suite jusqu'à la naissance
du monde, où le premier barbon, amoureux de
sa pupille, fut nécessairement trompé par elle
pour un blondin !

On voit donc bien que de la même idée, exactement la même, peuvent naître deux pièces très différentes, et même trois ; car avant Beaumarchais, Sedaine a su y glaner encore sa *Gageure imprévue*... Et même quatre !... car avant Molière, Dorimon en avait déjà tiré son *École des cocus !*

. Et que Uchard ne dise pas qu'il est ici le créateur, l'inventeur de l'idée, Scarron, Straparole et ser Giovanni tout à la fois, — Nous verrons bien tout à l'heure le contraire.

Pour le moment, bornons-nous à conclure de tout ce qui précède que son petit tableau ne prouve absolument rien. Il prouve d'autant moins qu'il n'y a même pas dans notre cas, comme dans celui que je viens de citer, l'exploitation d'une même aventure, d'un même récit.

La fable d'*Odette* diffère tellement de celle de la *Fiammina*, qu'elle en est presque toujours la contre-partie. Point de départ, développement, conclusion : tout diffère ! — Et c'est ce que nous allons établir par la comparaison sérieuse des deux pièces.

V

« Je n'ai pas l'espérance, dit M. Frédéric David, de faire partager ma conviction à M. Mario Uchard, mais je gagerais qu'en écrivant *Odette*, M. Sardou n'a pas même songé à la *Fiammina*. »

Je n'espère pas plus que M. David convaincre mon adversaire; mais M. David est absolument dans le vrai.

J'étais si peu préoccupé de la *Fiammina* que je n'ai même pas songé à la relire. En quoi j'ai eu tort.

En effet, qu'ai-je voulu mettre en scène dans *Odette* ?

1° La déchéance d'une femme du monde, devenue femme galante.

2° Le déshonneur infligé par elle au nom de son mari qu'elle porte.

Odette est une déclassée. C'est l'une de ces

mondaines comme il en est trop aujourd'hui, qui, *disqualifiée* par le scandale d'une première faute, de comtesse authentique qu'elle était au début, finit par n'être plus qu'une comtesse de table d'hôte.

Or, la *Fiammina* n'est pas une femme du monde; c'est une cantatrice. Ce n'est pas une déclassée, ni une déchue, ni une femme galante; c'est une grande artiste. Elle ne descend pas, elle monte. Quel rapport entre ces deux femmes, et comment l'une serait-elle le prototype de l'autre?

Mon héroïne est partout : les journaux retentissent de ses prouesses!... Trois maris m'ont dit cet hiver, à Nice : « C'est ma femme, n'est-ce pas, que vous avez voulu peindre? » Je n'ai pas relu la *Fiammina*, mais j'ai lu la *Gazette des Tribunaux*. — *Odette*, c'est Mme A..., celle au marmiton; Mme B..., celle du cocher; Mme C..., celle au calorifère; c'est la comtesse de X..., la duchesse de Y... et la princesse de Z... Je l'ai suivie dans la rue, où je la coudoie à chaque pas. Je l'ai vue rouler de chute en chute jusqu'à l'aventurier..., jusqu'au filou... et d'auberge en auberge, jusqu'au tripot!... J'ai vu l'honneur du mari pendu à ses jupes et traînant partout où elles traînent. Et j'ai fait *Odette!* — Quand mon héroïne était là toute fringante, toute vive sous mes yeux, pourquoi serais-je

allé réveiller cette bonne vieille *Fiammina* du pro-
fond oubli où elle repose?

On voit donc bien qu'elle n'est pour rien dans
la conception première de mon héroïne.

Est-elle pour quelque chose dans mon point de
départ, dans la pensée même de la pièce? — Pas
davantage.

Assurément, ce n'est pas une nouveauté au
théâtre que la séparation des époux. Augier, Legouvé, Nus et Belot, Feuillet, d'autres encore,
avant ou après Uchard, ont mis en scène la séparation volontaire ou légale. Chacun d'eux l'a trai-
tée à sa manière. L'important c'est que la mienne
ne soit pas celle des autres. Là, où Uchard, Nus,
Belot, Feuillet, etc., n'ont vu qu'un accident domestique, Augier a trouvé l'occasion d'un éloquent plaidoyer en faveur du divorce, et Legouvé
d'un violent réquisitoire contre la séparation judiciaire. Mais il était un aspect de la question qu'ils
avaient tous laissé dans l'ombre. La situation faite
au mari par une loi qui autorise la femme séparée
à porter le nom de son conjoint et par suite à
l'avilir !...

C'est ce côté de la question qui m'a frappé, que
j'ai mis en lumière. C'est le point de départ de
toute ma pièce.

Surprise en flagrant délit d'adultère, chassée

par son mari, séparée de lui judiciairement,
Odette court le monde, déshonorant partout le
nom qu'elle porte. Désespoir du mari. Le moindre
scandale peut révéler à sa fille l'existence d'une
mère qu'elle croit morte. Il y a plus : ce nom avili
par la mère est un obstacle au mariage de son enfant. Il faut donc obtenir d'Odette qu'elle cesse de
le porter. Elle s'y refuse et met pour condition
absolue qu'elle verra d'abord sa fille, qu'on lui
cache. Voilà toute l'économie de ma pièce : c'est-
à-dire partout *le nom !*... Tout à cause *du nom !*...
Tout pour et par *le nom !*...

Uchard appelle cela « un détail ». « Détail est
adorable. Supprimez ce détail; il n'y a plus rien.
Le nom est tellement la pensée, l'âme, la vie de
mon drame, qu'il y a quarante ans je l'aurais intitulé : « *Odette* ou *le nom du mari !* »

Trouvons-nons dans la *Fiammina* quoi que ce
soit qui ait le moindre rapport avec ce qui précède?

Absolument rien !

La Fiammina n'est pas une épouse coupable,
surprise en flagrant délit et chassée, comme
Odette; c'est, au contraire, une femme qui aban-
donne son mari *de son plein gré*, — ce qui établit
déjà entre les deux fables toute la distance de la
séparation *volontaire* à la séparation *légale*.

Mais il y a mieux : elle est mariée *secrètement.*
Personne ne sait qu'elle est la femme de Daniel. Elle
porte un nom de guerre : « *La Fiammina!* » *et on
la croit mariée avec son amant, lord Dudley* !...

Est-il possible de voir deux situations plus opposées que celle-là?

Donc la Fiammina ne déshonore pas le nom de
son mari ; — puisqu'elle ne le porte pas.

Douc ce nom-là n'est pas un obstacle au mariage de son enfant.

Donc le mari n'a pas de démarche à faire pour
qu'elle cesse de le porter...

Donc la Fiammina n'a aucune condition à
mettre à son consentement.

Donc, etc...

Et voilà tout justement deux pièces qui, dès le
point de départ, se tournent absolument le dos.

Voyons maintenant les conséquences : — tout
va différer nécessairement : milieux, situations,
péripéties et dénouement !

Ici, je ne chercherai pas à faire comprendre à
Uchard que le milieu où s'agite une action n'est
indifférent ni à cette action, ni au développement
des caractères, ni aux conclusions de l'œuvre ; que
mon tripot du troisième acte, où il ne voit qu'un
accident pittoresque, une fantaisie sans portée,
des jolies femmes, des robes, etc., a sa significa-

tion sérieuse et que l'abjection même de ces
mœurs où trempe mon héroïne est à la fois la
logique de ma pièce et sa moralité. Si mon aimable
confrère était homme à apprécier ces choses-là, il
n'aurait pas hasardé, à ce propos, des réflexions
qui expliquent trop bien, hélas, la constance de
ses insuccès dramatiques. Je me bornerai donc à
constater simplement ce fait :

Qu'après deux « séparations » si différentes,
nous retrouvons nos deux héroïnes aux deux
pôles opposés.

L'une, Odette, dans la misère.

L'autre, Fiammina, dans la prospérité.

L'une, dans un mauvais lieu, en compagnie de
filles et d'aventuriers.

L'autre, dans un somptueux logis, fréquenté
par le meilleur monde.

L'une, avec un escroc pour amant, qui la vole
et la bat.

L'autre, avec un gentleman des plus corrects,
qui la vénère et l'enrichit.

Comme tout cela se ressemble encore !

Voilà pour les milieux.—Passons à la péripétie.

Avec le nom du mari à reconquérir, le principal
élément d'action de ma pièce, c'est l'ignorance où
est la jeune fille de l'existence de sa mère : ignorance qu'il faut lui laisser à tout prix.

Le nom du mari, c'est la raison de la pièce.

L'ignorance de l'enfant en est le sentiment.

Examinons les deux pièces à ce point de vue.

Dans *Odette*, Bérangère est persuadée que sa mère est morte, et de cette mère on lui fait un portrait moral qui résume toutes les vertus domestiques. En sorte que là où la mère vivante serait pour l'enfant un déplorable exemple, la mère défunte est l'idéal sur qui elle cherche à se modeler. On conçoit que le père entretienne avec soin une telle croyance, et qu'il s'épouvante quand la vérité est sur le point de se faire jour. On comprend la lutte violente, brutale qui éclate entre sa femme et lui, quand elle demande impérieusement à voir sa fille, et menace, en cas de refus, de lui écrire : « Je suis ta mère ! » — Contraint par cette menace, le père consent à l'entrevue demandée, mais c'est en défiant la mère d'oser dire à sa fille qui elle est ; défi qu'elle accepte. L'entrevue a lieu : présentée à sa fille comme une étrangère qui a connu sa mère défunte, Odette est bien résolue à se faire connaître ; elle compte pour cela sur la ressemblance que l'enfant ne manquera pas de constater entre les portraits de la morte et les traits de celle qui lui parle…, mais elle est déçue dans ce premier espoir. L'enfant lui raconte sa prétendue mort, telle qu'on la lui a apprise. Odette s'ef-

force en vain de pousser l'entretien sur la voie
des aveux. Bérangère lui parle de sa mère avec
une telle vénération, fait un tel éloge de ses vertus,
de son dévouement, de son amour conjugal, que
Odette éperdue renonce à la détromper, part désespérée et va mourir de la façon dont son enfant
croit qu'elle est morte.

Et voilà toute ma pièce d'un bout à l'autre!...

Trouvons-nous dans la *Fiammina* quoi que ce
soit qui ressemble à tout ce qui précède?

Absolument *rien!*

Dès le premier acte, le mari de la Fiammina
apprend à son fils que sa mère est *vivante*, et
qu'elle est la maîtresse de lord Dudley. Il ne lui
révèle l'existence de sa mère que pour lui apprendre en même temps à la mépriser. Nous voilà déjà
séparés par un abîme. — Continuons. — Le fils
et la mère se trouvent en présence ; elle, sachant
qu'il est son fils; lui, sachant qu'elle est sa mère;
ils se saluent, se parlent froidement et passent! Le
fils provoque l'amant de sa mère. L'amant résiste,
puis finit par céder. On va se battre. La mère,
effrayée, se décide à venir trouver son mari pour
qu'il s'oppose à cette rencontre. Bien entendu, il y
consent. Le fils arrive sur ces entrefaites, commence par traiter sa mère fort durement, puis
finit par se jeter dans ses bras. La mère attendrie

déclare qu'elle renonce au théâtre et qu'elle va choisir une retraite, où l'auteur nous dit formellement que son fils ira la voir ; satisfaite, elle s'en va tranquillement ; et voilà toute la *Fiammina !*

Ah ! que M. Weiss a donc raison de dire que « la différence des deux actions n'est pas mince ! »

Je le demande à tout homme de bon sens. En quoi cette fable-ci ressemble-t elle à celle-là ? Est-il rien dans ma pièce qui rappelle ce duel sur qui repose toute l'action de la *Fiammina ?* Est-il rien dans la *Fiammina* qui ressemble, même de loin, à cette ignorance de la jeune fille, d'où découle tout l'intérêt de mon drame ? Peut-on voir des motifs d'action plus différents, donnant lieu à des situations plus contraires, et à des conclusions plus opposées ?

Ne cherchez pas, dans la *Fiammina* et dans *Odette*, autre chose que ce que je viens de dire : il n'y a pas autre chose. J'ai raconté les deux pièces, et avec une précision dont Uchard ne m'a pas donné l'exemple. C'est en vain que dans des récits embrouillés, confus, il cherche à donner le change à son lecteur et à lui faire prendre de mauvaises plaisanteries pour de bonnes raisons. L'incohérence même de son récit trahit son embarras. Il sent trop bien que par une simple analyse, comme

celle que je viens de faire, il se condamnerait sans
réplique.

Ici pourtant une idée lui vient subitement :

« — Ah ! ah ! dit-il, je vais réclamer deux choses
qui certes sont à moi.

« — Voyons-les !

« — Dans la *Fiammina*, c'est la situation irrégulière des époux qui empêche le mariage de leur
fils, et dans *Odette*, c'est la situation irrégulière des
époux qui empêche le mariage de leur fille. Direz-
vous que ceci n'est pas à moi ?

« — Mon Dieu non, confrère, ce n'est pas à
vous. La séparation des époux, avec ses conséquences fâcheuses pour l'établissement des enfants, est une idée commune qui appartient à tout
le monde. Vous l'avez si bien reconnu vous-
même, que dans *Madame Caverlet*, toute la pièce,
je dis *toute*, roule sur cette même situation : *La
position irrégulière des époux s'opposant au mariage
de leur enfant*. Et vous n'avez pas réclamé ; et vous
n'avez pas accusé Augier de plagiat ! Pourquoi
donc ?

« Mais enfin vous refusez-vous à admettre cela
comme un bien commun ? Voulez-vous absolument que ce soit une propriété particulière ?
Soit !...

« — Alors, pardon ! dit l'ombre de E. Serret,

mais c'est à moi. Les *Familles !* — Odéon, 1851.
Six ans avant la *Fiammina !* Cinq actes en vers. —
Personnages : M. de Cerny, sa femme, Hélène,
séparés ! — Valentine, leur fille. — Dubreuil,
manufacturier. — Son fils, Gustave. — Dubreuil
refuse de consentir au mariage de Gustave et de
Valentine, *à cause de la situation irrégulière des parents.* Mais tout s'arrange par le rapprochement
des époux. Et il fallait entendre, messieurs, Tisse-
rand s'écrier à la fin :

« Ah ! qu'il est doux, mon Dieu, d'avoir un famille ! »

« — Eh bien, Uchard, que répondez-vous à
Serret ?

« — Est-ce bien la même chose ?

« — C'est la même chose, Uchard, exactement ;
n'insistez pas, ou je vous cite toute la tirade du
manufacturier Dubreuil. Dites simplement que
cette situation est à tout le monde, et qu'elle ne
devient propriété particulière que par le parti
qu'on en tire. Serret en a tiré parti à sa manière ;
vous, à la vôtre ; Augier, à la sienne ; moi, à la
mienne. Nous sommes là chacun chez nous, et
sans nous rien devoir l'un à l'autre.

« — Il y a encore, dit Uchard, une chose que
vous m'avez prise.

« — Laquelle ?

« — Le sacrifice de la mère.

« — Bon Dieu, Uchard, prétendez-vous réclamer comme une chose à vous le dévouement maternel? Voulez-vous que je vous cite toutes les pièces où ce dévouement?...

« — Oh! non!...

« — Eh bien! alors?...

« — J'entends que le sacrifice de votre mère ressemble au mien, dans sa forme!

« — Vous ne parlez pas sérieusement, mon cher confrère : quelle ressemblance voyez-vous entre une femme qui se tue et une femme qui ne se tue pas?

« — Enfin il y a sacrifice... La mienne sacrifie le théâtre!...

« — Et la mienne, sa vie! — Voilà le sacrifice! Mais votre Fiammina? Elle va chercher à Florence quelque villa, où je ne suis pas bien sûr qu'elle ne recevra pas son amant; où je suis sûr qu'elle verra son enfant, et jamais son mari!... qui est insupportable!... Et vous voulez que je plaigne cette femme-là?...

Bref, résumons :

Dans *Odette* :

Une femme du monde que son mari surprend en flagrant délit d'adultère, sépare de sa fille, et jette la nuit à la porte de sa maison...

Dans la *Fiammina*, rien de tel !

Dans *Odette* : Procès, scandale, séparation judiciaire. L'enfant confié au père, et la mère cherchant à l'enlever par surprise.

Dans la *Fiammina*, rien de tel !

Dans *Odette* : Cette femme du monde courant les aventures, passant d'un amant à l'autre, et portant toujours le nom de son mari qu'elle déshonore.

Dans la *Fiammina*, rien de tel !

Dans *Odette* : Cette femme tombée au plus bas, tenant à Nice un tripot, ruinée, discréditée et ayant pour amant un escroc.

Dans la *Fiammina*, rien de tel !

Dans *Odette* : Cet amant surpris volant au jeu ; Odette, exaspérée, lui jetant les cartes au visage, et le jetant lui-même à la porte.

Dans la *Fiammina*, rien de tel !

Dans *Odette* : Le mari qui survient à ce moment-là, et qui propose à la femme de payer ses dettes et de la tirer de ce bourbier, à la condition qu'elle cessera de porter son nom.

Dans la *Fiammina*, rien de tel ?

Dans *Odette* : La femme qui n'accepte le marché que si on lui laisse voir son enfant, à qui on a dit qu'elle était morte.

Dans la *Fiammina*, rien de tel !

Dans *Odette* : Le mari qui refuse d'abord, puis cède à la menace ; mais en défiant la mère de se faire connaître à son enfant.

Dans la *Fiammina*, rien de tel !

Dans *Odette* : L'entrevue de la mère et de la fille. La mère, prête à se révéler, arrêtée par un mot ingénu qui l'écrase, partant, désespérée, et se tuant !...

Et dans la *Fiammina*,... tout le contraire !

Et voilà comment *Odette* est la même pièce que la *Fiammina !*

VI

Mais Uchard tient bon : battu sur l'ensemble, il essaye de se rattraper sur le détail, les scènes, les phrases, les mots...

« — Vous m'avez, dit-il, pris des scènes entières.

« — Des scènes ?...

« — Oui, des scènes ! Ainsi, au 1er acte d'*Odette*, il y a une scène d'exposition.

« — Oui.

« — Eh bien, dans la *Fiammina*, au 2e acte, il y a aussi une scène d'exposition. Ce n'est pas tout. Au 3e acte d'*Odette*, vous avez une scène de confidence.

« — En effet !

« — Eh bien, dans le 2e acte de la *Fiammina*, il y a une scène de confidence. »

On croit que je plaisante ; je ne plaisante pas.

Lisez Uchard, vous le verrez réclamer l'*exposition*
et la *confidence* dramatiques, comme des propriétés
qui sont à lui.

J'entends : On me dit : « — Uchard prétend
sans doute que vos scènes se ressemblent par la
nature des faits qu'elles exposent. »

Uchard ne prétend pas cela. Je l'en défierais
bien !

Dans ma scène d'exposition, Philippe raconte à
sa femme les faits antérieurs : la surprise d'Odette,
son expulsion, le duel du mari et de l'amant, le
procès, la séparation, l'enfant confiée à la grand'-
mère, la tentative d'enlèvement, etc., etc.

Or, comme il n'y a, dans la *Fiammina*, ni surprise de la femme, ni expulsion, ni duel du mari,
ni procès, ni séparation judiciaire, ni enfant confié
à la grand'mère, ni tentative d'enlèvement, etc., etc.,

Je demande au nom du sens commun :

Comment deux scènes d'exposition qui n'exposent pas les mêmes faits pourraient se ressembler
en un point quelconque, sinon qu'elles sont l'une
et l'autre des scènes d'exposition ?

Même observation pour les scènes de confidences.

Odette ne parle à Philippe que de sa ruine, de ses
chagrins, de son amant qui la gruge, de ce tripot, où elle vit côte à côte avec les gens les plus

tarés, de ses anciennes amies qui ne la saluent pas, de ses domestiques insolents, de ses malles qu'on saisit, de la morphine dont elle abuse, etc., etc.

Or, comme la Fiammina n'est pas ruinée, qu'elle n'a pas pour amant un chevalier d'industrie, qu'elle ne vit pas dans un tripot, qu'elle est applaudie, estimée, honorée, que ses domestiques sont polis, qu'on ne saisit pas ses malles, et qu'elle ne se pique pas de morphine...

Je demande au nom du même sens commun :

Comment les confidences qu'elle fait à son amie pourraient ressembler à celles qu'Odette fait à Philippe, puisqu'elles ont à confier, l'une et l'autre, des faits si dissemblables ?

J'ai donc raison de dire que ce n'est pas le fond des scènes que réclame Uchard, c'est leur caractère.

Des deux parts, c'est une *exposition*.

Des deux parts, c'est une *confidence*.

Et comme avant Uchard, on ne s'était jamais avisé de mettre sur la scène ni *exposition* ni *confidence*, il est bien entendu que l'exposition et la confidence dramatiques sont à lui !...

Ce n'est pas tout. Nous avons encore la scène des tickets :

« — Voyez, dit Uchard, voici Frontenac, l'amant d'Odette. Il entre !...

« — Oui... Eh bien ?...

« — Eh bien ! dans ma pièce, il y a aussi un moment où entre lord Dudley, l'amant de la Fiammina... Et tenez, le voici maintenant qui sort, votre Frontenac...

« — Sans doute !

« — Eh bien! il y a aussi dans ma pièce un moment où lord Dudley s'en va !

« — Alors, un personnage ne peut plus entrer ni sortir?...

« — Oh ! s'écrie Uchard, je me plains qu'il entre dans votre pièce, pour faire la même chose que dans la mienne, et qu'il sorte après le même coup de théâtre.

« — Ah ! bah ! voyons donc cela ! »

Dudley vient chez le mari de la Fiammina, Daniel, pour lui commander un tableau. Daniel sait parfaitement qu'il est l'amant de sa femme, et que sa femme est à Paris. Dudley entre donc inutilement, n'apprend rien à personne, parle beaucoup pour ne rien dire, et s'en va sans avoir rien fait.

C'est cela qu'Uchard appelle un coup de théâtre !...

Voyons *Odette* à présent :

Frontenac vient chez Philippe pour une affaire de tickets à changer. Le comte ignore absolument que ce Frontenac est l'amant de sa femme. Il ne sait même pas que sa femme est à Nice. C'est Frontenac qui, sans le connaître, lui dévoile la présence d'Odette, le milieu où elle vit, son intention d'aller à Paris : nouvelles désastreuses pour le comte, car elles compromettent à la fois tout ce qu'il a fait, tout ce qu'il veut faire.

Le voilà, le coup de théâtre ; mais il n'est que chez moi.

On voit donc bien que le seul rapprochement possible entre nos deux scènes, c'est qu'il y a, dans l'une comme dans l'autre, un personnage qui *entre* et qui *sort!*...

Ainsi Uchard, déjà propriétaire de l'*exposition* et de la *confidence*, l'est aussi des *entrées* et des *sorties* dramatiques !...

VII

Mais tout ce qui précède n'est qu'un prélude ; voici le grief sérieux : le point où Uchard constate le délit comme flagrant. Il s'agit des deux scènes maîtresses de ma pièce :

L'entrevue des deux époux ;

L'entrevue de la mère et de la fille...

Qu'il signale comme manifestement imitées de la *Fiammina*; que dis-je?... imitées !... *copiées*, servilement *copiées !* — Ecoutez-le :

« Ici, dit-il, nous allons voir des scènes *copiant* les miennes, *mot à mot*, et les *mêmes* effets, *un à un*, pour arriver au *même* dénouement... *Pas un mot* de la scène de mes deux époux *qui ne soit dans la vôtre...* »

Voilà qui est net !

A l'appui d'une affirmation aussi résolue, le

lecteur se figure qu'Uchard va faire une chose très concluante :

Odette n'est pas imprimée ; mes traités étrangers s'y opposent. On ne peut donc pas comparer les scènes incriminées avec celles de la *Fiammina*.

Mais il se trouve que ces deux scènes-là, précisément, ont été publiées le lendemain de la première représentation d'*Odette*, par le *Figaro* et par l'*Erénement*.

Uchard n'a qu'à les prendre dans ces deux journaux et qu'à les donner intégralement, côte à côte avec les scènes parallèles de sa pièce. De cette façon le lecteur pourra contrôler et constater si ce sont bien les mêmes sentiments, *mot à mot*, les mêmes effets, *un à un*.

Mais Uchard n'a garde. — Pas si sot !

Il sait trop que ce rapprochement établirait au contraire le parfait désaccord des deux pièces ; il aime bien mieux recourir à son procédé ordinaire : le petit tableau synoptique à l'usage des naïfs : « le trompe-l'œil ».

Donc, au lieu de publier mes scènes *in extenso*, il pique dans la première, — l'entrevue des deux époux, — celle « où il n'y a pas un mot qui ne soit emprunté à la *Fiammina* », il pique, dis-je, *quatre* phrases, qui offrent avec quatre phrases de sa *Fiammina* une certaine similitude de texte, et il s'écrie :

4

« — Vous voyez bien que c'est la même scène
que la mienne, *mot à mot !* »

Et quand je dis *quatre* phrases... mettons *trois*;
car avec toute la bonne volonté du monde, je ne
puis vraiment pas lui accorder la ressemblance des
deux premières :

DANIEL	LE COMTE
Je ne pouvais pas par-donner, il était trop tard.	Ah ! comme j'aurais dû vous tuer !

Oh ! non, n'est-ce pas ? Nous biffons celle-là ?
Donc trois phrases !
Et quelles phrases ! — Et quels sentiments !

FIAMMINA	ODETTE
La mère avait au moins le droit de voir son enfant... Je veux voir mon fils !	Et c'est vous qui m'avez défendu d'être mère... Je vous somme de me laisser voir mon enfant !

« — Je veux voir mon enfant !... On n'a pas le
droit de séparer une mère de son enfant ! »

C'est-à-dire le lieu commun par excellence !...

Ainsi ce cri maternel, instinctif, « animal »,
dirait Diderot, de la mère réclamant son enfant !...
Voilà ce que Uchard prétend encore lui appartenir !

Juste ciel!... Et qu'est-ce donc que Mme Marie
Laurent crie, depuis trente ans, tous les soirs, sur
la scène?...

« — Rendez-moi mon enfant ! »

Et dans la vie réelle, que crient tant de femmes
et de filles, du matin au soir, à leurs maris, à
leurs amants, à leurs parents?...

« — Je veux voir mon enfant ! »

Et à ce même tribunal, où m'assigne Uchard,
que criait l'an passé Mlle V..., et tout récemment
Mme de Ch...?

« On n'a pas le droit de séparer une mère de
son enfant!:... »

Enfin, la brute elle-même, la chienne, la chatte
à qui on enlève ses petits?... et qui gémit et qui
miaule!... — qu'est-ce qu'elle gémit?... qu'est-ce
qu'elle miaule ?...

« Rendez-moi mes enfants ? »

Uchard va aussi les attaquer?...

Et encore, si, dans nos deux pièces, ce cri maternel était l'expression de la même situation !...
S'il résultait des mêmes précédents, pour entraîner
les mêmes conséquences !...

Mais c'est précisément ce qui n'est pas...

Quand Odette dit à son mari : « C'est vous qui
m'avez défendu d'être mère !... Et qui m'avez, la
nuit, dérobé cet enfant !... Je veux la voir... »

Odette dit une chose très exacte. Son mari, la justice, tout le monde l'a violemment séparée de sa fille. Elle est donc en droit de la réclamer. Nous savons aussi que ce qu'elle demande est précisément ce qu'on ne peut pas lui accorder. La situation est donc là, à son summum d'intensité !...

Mais quand la Fiammina, mauvaise épouse et détestable mère, qui a *volontairement* abandonné son fils au berceau, quand cette drôlesse, qui n'est pas intéressante un seul instant, se met à hurler sans qu'on sache pourquoi : « La mère avait au moins le droit de voir son enfant ; je veux voir mon fils !... Je le veux ! » — ce même fils, notez-le bien, à qui elle vient de parler ; — le public lui crie ce que son imbécile de mari n'a pas même l'esprit de lui dire :

« — Eh ! qui t'a séparée de ton enfant ?... Toi-même ! Tu n'avais qu'à ne pas le planter là... Qui t'empêche de le voir ?... Tu l'as vu tout à l'heure ! »

Par conséquent des formules comme celles-ci, peuvent être l'expression de situations si différentes, que la ressemblance de la forme n'implique nullement celle du fond.

Enfin, pour la troisième phrase signalée par Uchard :

DANIEL	LE COMTE
Il *croyait* sa mère morte!	Elle vous *croit* morte!

La seule différence des deux temps, — le présent, l'imparfait, — est un argument contre mon adversaire.

Toute sa pièce porte sur ce fait que, dès le début, le fils *connaît l'existence de sa mère.*

Tout l'intérêt de mon drame à moi, repose sur l'ignorance de la fille *qui croit constamment que sa mère est morte.*

Et c'est précisément le rapport signalé par Uchard, entre ces deux petites phrases, qui constate le mieux la différence profonde des deux pièces !

Nous en avons fini avec la scène des deux époux; passons à l'autre : l'entrevue de la mère et de la fille.

Ici Uchard est en face de ce problème :

Démontrer : qu'une mère qui ne se fait pas reconnaître de sa fille est exactement dans le même cas qu'une mère qui se fait reconnaître de son fils !

C'est difficile!... Aussi a-t-il beau tourner, retourner le texte, il ne trouve pas le moyen d'y pêcher le plus petit fragment de dialogue dont il puisse abuser, pour quelque trompe-l'œil comme

4.

les précédeuts. —Rien! Pas un lambeau de phrase...

Mais Uchard n'est pas embarrassé pour si peu.

La phrase lui manque. — Il la suppose.

« Et vous n'avez gardé aucun souvenir de votre mère, *disent-elles;* vous avez dû souvent penser à elle... n'est-ce pas? La regretter? »

Le lecteur croit naturellement que ce même texte se retrouve dans *Odette* et dans la *Fiammina*. De même quand il lit :

« — Ah! tu seras heureux, mon enfant! s'écrie la Fiammina. »

« — Ah! tu seras heureuse, mon enfant! s'écrie Odette. »

« Quoi, se dit-il, la même phrase, mot à mot! Uchard aurait donc raison? Sardou lui emprunte jusqu'à son style... Il est bien coupable! »

Non, lecteur, ne crois pas cela. Ces phrases-là sont bien dans la *Fiammina*, mais elles ne sont pas dans *Odette* et n'y ont jamais été. Seulement Uchard te le donne à croire, et c'est tout ce qu'il lui faut.

Du reste, pour en finir avec ce puéril débat, je vais faire précisément ce que Uchard n'a pas osé faire :

J'imprime à la fin de cette brochure, tout au long, les deux scènes incriminées d'*Odette* : l'en-

trevue des deux époux, — l'entrevue de la mère
et de la fille.

Et, en regard de ces deux scènes, je donne
celles parallèles de Uchard, que je suis censé lui
avoir empruntées « *mot à mot* », avec les mêmes
effets « *un à un* ».

Que le lecteur veuille bien prendre la peine de
lire et de comparer : ce rapprochement sera plus
concluant que tout ce que je pourrais dire !

VIII

Il ne nous reste plus à examiner qu'un seul point. — C'est encore une ressemblance de mots.

Henri, dans la *Fiammina*, dit à son père, Daniel, qui lui a tenu lieu de mère :

« — Allons, *ma mère*, viens déjeuner. »

Bérangère, dans *Odette*, dit à son père, le comte, qui lui a tenu lieu de mère :

« — Oui, *maman !* »

Ah ! pour le coup, Uchard a raison : et le cas est assez rare pour être souligné. C'est le premier ; ce sera le dernier !

Oui, « *ma mère* » et « *maman* », c'est incontestablement la même chose, et il n'y a pas seulement ici ressemblance de texte, il y a parité de situation. L'observation est donc parfaitement juste.

Je pourrais faire valoir qu'il y a une nuance

marquée dans les intentions : que le « *ma mère* »
de Henri est attendri, et le « *maman* » de Béren-
gère, plutôt railleur. Je pourrais ajouter que ce
mot « *maman* », considéré comme expression de
reconnaissance pour une excessive tendresse, est
si naturel, que récemment encore, dans le très
joli roman de Ludovic Halévy, l'*Abbé Constantin*,
nous voyons Bettina s'endormir près de la sœur
aînée, qui lui a tenu lieu de mère, en lui disant :
« *Merci, maman !* » — Je pourrais même invoquer
cette rencontre comme un argument en ma faveur. Elle vient à l'appui de ce que j'avançais
tout à l'heure. C'est que je me suis si peu préoccupé de la *Fiammina* que je ne l'ai pas relue : car
cette ressemblance m'eût sauté aux yeux ; et l'on
peut être assuré que j'aurais bien vite biffé « *maman* », le mot ne méritant pas d'être maintenu, au
risque de provoquer des réclamations si tapa-
geuses !...

Je pourrais dire encore bien d'autres choses !...
Mais à quoi bon ?

« En somme, dit M. Frédéric David, on ne
trouve, dans la pièce de M. Sardou, qu'un mot, un
seul, qui soit tout à fait pareil et pour ainsi dire
commun aux deux auteurs : « — Oui maman »,
« — Viens, ma mère. » — Voilà le grief, voilà le
crime !... Faut-il tant s'escrimer pour un mot ? »

Oui, de bonne foi, est-ce bien la peine?

Quoi, pour un seul mot, dans toute une pièce, réclamer toute la pièce?... C'est bien gros!

Et où en viendrons-nous, grand Dieu, si un tel système est admis, et si nous nous mettons à nous disputer, les uns les autres, les mots de situations, les traits d'esprit, etc?... Mais ce sera une mêlée épouvantable!— Où allons-nous?... Je sais tel mot de Dumas fils qui est de Cicéron, et tel de Labiche qui est de Molière. Ils ne l'ont pas *trouvé*. Ils l'ont *retrouvé :* voilà tout ; comme Colomb a retrouvé l'Amérique, après beaucoup d'autres ; — ce qui ne diminue pas son mérite !

Mais des mots tout neufs, des mots qui n'aient jamais servi!... Nous sommes tous perdus!...

Voyons, Uchard, vous-même, avez-vous la conscience bien nette sur ce point? Êtes-vous bien sûr de n'avoir jamais donné, comme de vous, un trait d'esprit, qui ne fût une réminiscence, un emprunt inconscient fait par vous à l'un de vos confrères?

Vous en êtes sûr?... Oui?...

Eh bïen ! ouvrons la *Buveuse de Perles*, p. 229 :

Catherine, qui est une drôlesse, propose à Antoinette, qui est une honnête femme, l'achat d'une robe d'occasion ; et Antoinette répond :

« — Merci, j'aime à me sentir chez moi, dans mes vêtements... »

Ouvrons maintenant les *Lionnes Pauvres*, p. 10 :

Séraphine, qui est une drôlesse, propose à Thérèse, qui est une honnête femme, l'achat d'une robe d'occasion : et Thérèse répond :

« — Oh ! non ; j'aime à me sentir chez moi dans mes habits .. »

Habits pour *vêtements* : voilà toute la différence. Le même fait et la même phrase !...

Vous voyez donc bien, Uchard, par votre exemple, que le génie le plus créateur n'est pas à l'abri de ces sortes d'aventures et qu'il faut un peu d'indulgence pour les moins favorisés que vous. Vous êtes si riche ! Faites l'aumône. Et surtout n'empruntez pas aux pauvres diables tels que moi : car enfin, vous m'empruntez à moi aussi, cher confrère !...

Dans cette même *Buveuse de Perles*, qui n'est pas non plus bien neuve, et où le ménage Bouvard rappelle désavantageusement *Monsieur et Madame Cardinal* : quand Mme Bouvard s'écrie, p. 100 :

« — Si tu vas te le faire donner? *Je me le demande !* »

C'est de moi ça ! — *Nos bons villageois !...* C'est bien connu !

Alors, nous voilà quittes. Passez-moi « *maman !* » je vous passe : « *Je me le demande.* »

Mais donnant, donnant. Si vous réclamez votre mot, je réclame le mien.

Et que de rencontres pareilles je pourrais encore signaler dans vos œuvres!...

Mais pour cela, il faudrait les relire!...

J'y renonce!...

IX

Ici, Uchard s'aperçoit tout à coup qu'il a beau brouiller les cartes et se contredire à chaque page, employer tous les subterfuges et tous les artifices, tronquer, dénaturer, supposer les textes, etc., etc., son château de cartes s'est écroulé, et de toutes ses assertions, aucune n'est debout !

Alors il pense : « J'ai été bien bon d'accorder au début que la donnée d'une pièce est à tout le monde. Il n'y a plus que cette communauté-là entre *Odette* et la *Fiammina* : celle de l'idée première... Eh bien, ne l'accordons pas, voilà tout... Ce ne sera jamais qu'un démenti de plus que je me donnerai. »

Et voici ce même Uchard qui a dit tout d'abord : « Une idée de pièce est à tout le monde », qui s'écrie maintenant :

« Après tout, l'idée, une idée de pièce!... C'est le clou, c'est la trouvaille!... C'est l'oiseau rare!... Et lorsque cette idée s'est condensée dans une action pathétique ou bouffonne, au moyen de scènes, d'où jaillit tout à coup un de ces effets puissants et certains qu'on appelle « le clou », — il y a là certes main d'ouvrier. C'est par exemple, dans *Tartuffe*, la scène de Tartuffe et d'Elmire, avec le mari caché sous la table. Ce piège tendu c'est la *trouvaille*, le *clou!* Prendre cette seule scène, c'est prendre toute la pièce!...

« Alors, dit La Pommeraye, le *Tartuffe* n'est pas de Molière!... Car lisez : *les Rieurs du brave Richard*, de Lafontaine, antérieurs de deux ans au *Tartuffe*... Tout y est, la femme, le mari, le séducteur, le piège tendu, la cachette et même la toux ! »

« Et si : prendre cette seule scène c'est prendre toute la pièce, on arrive à cette conclusion abracadabrante que le *Tartuffe* est de Lafontaine! »

Et puis, dans son trouble, Uchard oublie le plus important... C'est de nous dire en quoi consiste sa *trouvaille* à lui, son *oiseau rare*, son *clou!*... Ce fameux *clou* auquel j'ai, dit-il, accroché mon succès, après lui, et qui constitue toute sa pièce, au point que quand on prend ce *clou*-là, on prend tout !

Est-ce : « la mère coupable ? »

Oh! non, n'est-ce pas, depuis Clytemnestre, et après Beaumarchais !...

Est-ce « le fils qui veut tuer l'amant de sa mère ? »

Non, n'est-ce pas, depuis Oreste et après Hamlet !... D'ailleurs, je n'ai rien de tel.

Est-ce enfin « la mère qui, ayant quitté le domicile conjugal, retrouve par hasard son mari et son enfant, et « touchée de la grâce » s'humilie devant son mari et réclame son enfant ? »

« Oui, dit Uchard, c'est cela! Voilà l'idée de ma pièce, ma trouvaille et mon *clou!*

« Alors, dit l'ombre de Kotzebue, pardon : mais c'est à moi. — *Misanthropie et Repentir*, 1787 !... Personnages : Meinau, Eulalie, sa femme ; séparés par la faute d'Eulalie, qui a fui le domicile conjugal, *comme la Fiammina* ; abandonnant mari et enfants, *comme la Fiammina* ; pour aller vivre à l'étranger avec son amant, *comme la Fiammina* ; sous un nom d'emprunt, *comme la Fiammina* ; et qui retrouve son mari par hasard, et, repentante, lui crie : « Je veux mes enfants ! », *comme la Fiammina* ; et à qui on rend ses enfants, toujours *comme à la Fiammina!*...

« — Mais, balbutie Uchard, la situation est-elle ?...

« — La même, cher confrère, exactement!...

Toutes vos *trouvailles*, tous vos *clous* et tous vos
oiseaux !

Et si, prendre un seul « clou », c'est prendre
toute la pièce, — jugez tout ce que vous avez pris
à Kotzebue !... »

X

Concluons !...

Nous avons constaté successivement qu'*Odette* et la *Fiammina* différaient du tout au tout :

Par la conception première,

Le point de départ,

Les caractères,

Les milieux et les mœurs,

Les situations,

Le dialogue,

Et le dénouement !...

Et que cette similitude soi-disant absolue se réduisait à la vague ressemblance qui résulte forcément de l'exploitation de la même idée : la séparation des époux.

Or, cette ressemblance forcée, inévitable, et que l'on peut signaler aussi avec *Miss Multon, Héloïse Paranquet, Froufrou, Madame Caverlet*, la *Séparation*, etc., etc., je ne l'ai jamais contestée, je l'ai accordée à Uchard, dès le premier jour. — Et après ?...

S'ensuit-il qu'elle constitue un plagiat ?

Alors tout est plagiat ?

Et quelle est donc la pièce nouvelle qui n'en rappelle pas une ancienne ? Que l'on m'en cite donc une seule qui n'éveille pas le souvenir d'une et de plusieurs pièces antérieures !

Prenons les plus récentes : celles que l'on a créées ou reprises depuis *Odette*.

Est-ce que *Lili* ne rappelle pas *Mathias l'Invalide*, et la *Douairière de Brionne* ?

Est-ce que *Galante Aventure* ne rappelle pas les *Dominos Roses* ?

Est-ce que *Une Perle* ne rappelle pas *Divorçons* ?

Est-ce que le *Petit Duc* ne rappelle pas les *Armes de Richelieu* ?

Est-ce que les *Mille et une Nuits* de d'Ennery ne rappellent pas les *Mille et une Nuits* de Cogniard ?

Est-ce que *Serge Panine* ne rappelle pas le *Mariage d'Olympe*, la *Belle-Mère*, de Malot, et le *Gendre de M. Poirier* ?

Est-ce que : *On ne badine pas avec l'amour* ne rappelle pas *On ne saurait penser à tout*, de Carmontelle ? — Et *Barberine*, le *Portrait*, de Massinger ?

Est-ce que les *Portraits de la Marquise* ne rappellent pas *Haine aux Femmes*, la *Matrone d'É-phèse?* etc.

Est-ce que le *Monde où on s'ennuie* ne rappelle pas les *Femmes savantes* et le *Bureau d'esprit?*

Est-ce que les *Rantzau* ne rappellent pas *Roméo et Juliette*, *Brouillés depuis Wagram* et les *Deux Frères*, de ce même *Kotzebue*, avec qui Uchard a des liens si étroits de parenté?...

Est-ce que *Un mari malgré lui* ne rappelle pas *Un Monsieur et une Dame?* etc., etc.

S'ensuit-il que l'on puisse accuser toutes ces pièces de plagiat ?

On n'y a pas songé ! — Car elles ne sont pas de moi !

Disons plus : — Non seulement, il n'est pas une pièce nouvelle qui ne ressemble à quelque ancienne : mais il n'en est pas une qui ne doive, plus ou moins, à celles qui l'ont précédée. — « On n'écrit rien qu'avec le souvenir de ce que l'on a vu ou lu — » et notre imagination n'est jamais indépendante de notre mémoire. C'est ce que M. Brunetière établit fort bien dans l'article déjà cité. Nous ne sommes riches que de l'héritage intellectuel de nos devanciers, transformé, assimilé, mais enfin transmis !... Pas une conception dramatique, fût-elle d'un Corneille ou d'un Molière, qui soit sortie de leur cerveau tout armée,

sans y avoir été engendrée par le souvenir latent,
inconscient de conceptions antérieures. — Mais
si rien n'est plus certain que cette filiation, rien
n'est plus insaisissable : et déterminer, dans une
œuvre, le point précis où la création apparaît, où
l'auteur ne doit plus rien qu'à son propre génie,
voilà l'impossible !

Qu'est-ce que la *Dame aux Camélias* doit à *Marion Delorme*, et *Marion Delorme* à la *Courtisane
Amoureuse* de Lafontaine ? Quelle part Lafontaine
lui-même doit-il aux vieux conteurs ? Et combien
sont-ils, ceux-là ? — M. Bousquet, nous dit Dumas,
a retrouvé la *Dame aux camélias*, au Japon, il y
a deux mille ans ! — Est-ce à dire que la *Dame*
ne soit pas bien à Dumas ?... *Marion* à Victor
Hugo ?... la *Courtisane* à Lafontaine ?...

Eh ! sans doute, la *Fiammina* a pu m'influencer
à mon insu, comme la pièce de Kotzebue a pu
influencer Uchard malgré lui. Je n'ai pas l'orgueil
de croire à la génération spontanée de mes idées.
Je lui laisse cette prétention-là. Je m'inspire, sans
même y songer, de mes prédécesseurs, comme
d'autres, après moi, s'inspirent de moi. C'est ce
que Voltaire exprimait fort bien : — « Les esprits les plus originaux, dit-il, empruntent les
uns aux autres. Il en est des livres comme du feu
dans un foyer. On va prendre le feu chez un voi-

sin, on l'allume chez soi, on le communique à d'autres et il appartient à tous ! » — L'important, c'est que du feu pris chez le voisin, on allume chez soi son *propre* bois à son *propre* foyer... C'est ce que j'ai fait, et personne n'a plus rien à dire.

Donc, quand Uchard déclare que tout le monde a signalé cette ressemblance entre nos deux pièces, il enfonce une porte ouverte.

Mais, où il n'enfonce rien du tout, c'est quand, dénaturant le sens de cette remarque, il prétend faire dire à la critique ce qu'elle n'a pas dit.

— « Toute la presse, dit-il, a été pour moi! »

MM. Sarcey, Weiss, la Pommeraye, Fouquier, Brunetière, Bourget, Ulbach, Claretie, Gaucher, Frédéric David, Claudin, Edm. Texier, etc., etc. — J'en passe et des meilleurs — crient à Uchard : « — Prenez garde ! Une idée de pièce est à tout le monde. La propriété est dans la forme, Sardou a traité l'idée à sa manière, qui n'est pas la vôtre !... Vous avez tort!... Casse-cou!... » ·

Et Uchard appelle cela avoir pour lui : — « toute la presse ! »

La vérité, c'est qu'il n'a pas trouvé, chez elle, l'appui sur lequel il comptait. — Or, il sait bien que l'opinion de la critique n'est pas indifférente au succès de sa cause... Comment faire pour dissimuler son isolement?...

5.

Oh! mon Dieu, c'est bien simple :

— « Vous allez voir, dit-il, que j'ai derrière moi tous les critiques ; même « *les amis* de Sardou, — Vitu, Sarcey, Weiss, Fouquier, etc... — Tenez, prenons Weiss!... Weiss est écrasant... Ecoutez Weiss :

— « Je viens de relire la *Fiammina :* savez-vous que Uchard a raison ?... »

« Ah ! j'ai raison, vous entendez, s'écrie Uchard triomphant ! — Je ne le lui fais pas dire... »

Ce que vous ne lui faites pas dire, confrère, c'est la fin de sa phrase que voici :

«... Je suis allé revoir *Odette* : parbleu, M. Sardou n'a pas tort du tout!... »

Oh ! mon cher confrère, ceci est misérable ! Je ne reconnais plus l'homme habile qui a si lestement joué la commission ! — Mais je ne veux pas abuser de votre confusion... Parlons d'autre chose ; — de Giacometti, par exemple ? — Je crois le moment venu d'introduire Giacometti !...

XI

Il n'y avait pas cinq jours que Uchard m'avait écrit sa première lettre, quand je reçus un journal italien — *le Capitaine Fracasse*, qui me prenait violemment à partie dans un article intitulé :

Sardou Plagiario.

Je crus d'abord qu'il s'agissait de la *Fiummina* : mais point du tout. — Le journal italien déclarait que *Odette* n'était pas autre chose que l'adaptation d'une pièce en cinq actes de Giacometti : la *Colpa vendica la colpa*. — *Odette* n'était plus de Uchard ; elle était de Giacometti !

« Je vous ai promis, dit le *Capitaine Fracasso*, de vous prouver qu'il y avait une analogie trop grande entre *Odette* et la *Colpa vendica la colpa*, pour que Sardou n'ait pas eu une connaissance parfaite de l'œuvre de Giacometti. Résumons brièvement les deux pièces. »

Il résume en effet et compare : — L'héroïne de Giacometti, Sara, s'est enfuie du domicile conjugal, pour courir le monde en compagnie d'un *joueur effréné*. Le mari élève sa fille dans l'idée que sa mère est morte.

Le hasard, après plusieurs années, remet en présence le mari et la femme, comme dans *Odette*. — Scène des deux époux, reproches, etc., — comme dans *Odette*.— Et enfin scène de la mère et de la fille, absolument comme dans *Odette*.

« Ici, dit le journaliste italien, le plagiat saute aux yeux. Ce n'est pas seulement la situation qui est identique. C'est le même dialogue.... *ce sont les mêmes phrases !...* »

Et il a parfaitement raison. Nous ne sommes plus ici en face de ces prétendues ressemblances, signalées par Uchard, et que le seul examen des textes réduit à néant, ce sont réellement les mêmes sentiments exprimés, et dans le même langage. Qu'on en juge par ce fragment :

BÉRANGÈRE. — (*à Odette*) Papa m'a dit, madame, que vous étiez une amie de maman.

ODETTE. — Dès l'enfance.

BÉRANGÈRE. — Que je vous envie ! Vous l'avez connue mariée aussi ?

ODETTE. — Mariée, oui.

BÉRANGÈRE. — Est-ce que vous étiez là, lorsqu'elle est morte ?

ODETTE. — Non, mon enfant.

BÉRANGÈRE. — Vous savez comment nous l'avons perdue ?

ODETTE. — Je le sais mal... j'ai beaucoup voyagé... j'étais si loin.

BÉRANGÈRE. — C'est dans une promenade sur mer, à Deauville. Elle était seule, avec un batelier, dans un canot. Elle s'est penchée, sans doute pour rattraper son voile, qu'on a vu flottant sur l'eau. Elle a disparu et on ne l'a pas retrouvée.

ODETTE. — En sorte, ma pauvre enfant, que vous n'avez pas la triste joie de savoir où elle repose ?...

BÉRANGÈRE. — Hélas ! non... à ma prière, papa lui a fait faire à Brétigny... Vous connaissez Brétigny, madame ?...

ODETTE. — Un peu, oui.

BÉRANGÈRE. — *Dans le fond du parc, là où sont les grands platanes, papa lui a fait élever un tombeau...*

Ce n'est qu'un souvenir, mais j'y ai prié tant de fois que je me figure qu'elle est là. J'y porte mes couronnes, mes fleurs...

Et voici maintenant le passage de Giacometti :

NELLY. — Je ne vous connais pas, pourtant votre voix... Je ne sais pas, mais je dirais qu'elle m'en rappelle une autre.. une autre. si douce, si harmonieuse qu'elle m'est restée comme l'écho d'une harpe lointaine. — Je crois que cette voix était celle de ma mère.

SARA. — De votre mère ?... (*baissant sa voilette — à part*) Si elle me reconnaissait !

NELLY. — Pourquoi baissez-vous votre voilette ? J'aime à vous regarder !

SARA. — Je crains l'air qui vient de cette fenêtre. Donc, vous n'avez plus de mère ?

NELLY. — Hélas ! non !... Si je l'avais, je serais bien heureuse !.. Ma mère est morte, j'avais alors quatre ans. *Elle est morte noyée.* Quelquefois, je crois me souvenir... Il me semble... Mais non !... *J'ai un autre chagrin. Mon pauvre père a fait bâtir, au bord du fleuve, une petite église où il y a un tombeau... Mais les restes de la défunte n'y sont pas... Le fleuve me les a emportés !... Je vais toujours dans cette petite église... Je vais prier et porter mes couronnes de roses...*

Si jamais accusation de plagiat a paru justifiée, c'est bien celle-là.

Le journal italien qui ignorait encore à cette date, (30 novembre) l'accusation formulée contre moi, par Uchard, (le 29) — m'apportait, sans le savoir, de quoi ruiner par la base toute l'accusation de mon excellent confrère.

Il me suffisait en effet de déclarer que *Odette* n'était qu'une adaptation de Giacometti ; toutes les ressemblances signalées entre la *Colpa* et *Odette*, et surtout l'étonnante similitude de la scène capitale, similitude qui n'existe aucunement entre *Odette* et *Fiammina*, n'auraient laissé aucun doute sur la sincérité de mon aveu.

J'établissais de plus que la pièce de Giacometti, dont la première représentation est de 1854, était par conséquent antérieure de trois ans à celle de Mario Uchard ; et j'en tirais facilement cette conclusion : que si *Odette* et la *Fiammina* offraient quelques points de contact, c'est que Uchard avait puisé sa pièce à la même source que moi.

Il ne restait même pas à Uchard la ressource de prétendre que, tout en copiant Giacometti, je lui avais fait à lui-même de nombreux emprunts ; — attendu qu'il n'y a pas une des situations réclamées par Uchard comme lui appartenant, qui ne se trouve dans la *Colpa*. Donc, les prenant à Gia-

cometti, je n'avais plus à les emprunter à Uchard.
Ce larcin eût fait double emploi.

J'ajoute que cet aveu ne m'eût pas coûté, loin
de là ; j'aurais été ravi, au contraire, de répondre
à mon Italien :

« — Voyons, mon bon ami, soyons justes ! Pendant vingt ans, vous m'avez, en Italie, traduit toutes mes pièces, contre mon gré, et les avez jouées,
sans qu'il m'en revînt aucun profit. Je trouve par
hasard chez vous une pièce à ma convenance, je
la transforme, je la fais jouer et vous criez au plagiat !... Vous êtes de plaisantes gens !... Je me
rattrape sur vous comme je le puis. C'est de bonne
guerre !... Et vous me devez encore du retour ! »

Et l'Italien n'avait rien à répliquer.

Seulement, pour parler de la sorte, il aurait
fallu mentir effrontément.

Car la vérité, c'est qu'avant l'article du *Fracasso*,
j'ignorais jusqu'à l'existence de Giacometti, et que
je n'avais jamais lu un mot, un traître mot de la
Colpa vendica la colpa !

Les ressemblances signalées étaient tout bonnement l'effet de ces rencontres, dont il y a tant
d'exemples, et que Uchard n'admet pas ; mais qu'il
sera bien forcé d'admettre tout à l'heure.

Car enfin le voilà mis en cause, Uchard !

S'il persiste à maintenir qu'*Odette* est la même

pièce que la *Fiammina*; comme il est constaté d'autre part que la *Colpa vendica la colpa* est la même pièce qu'*Odette*... la *Fiammina* est donc la même pièce que la *Colpa !*

C'est mathématique !

Cela est même si évident que lors de l'apparition de la *Fiammina*, — c'est la *Gazette de Ferrare* qui me l'apprend, — Giacometti, accusé d'avoir copié la *Fiammina*, fut obligé de prouver que sa pièce était antérieure de trois ans à celle de Uchard...

Quel gâchis !... hein ?...

Tâchons d'y voir clair :

Moi, je m'efface. Cela ne me regarde plus. C'est une affaire à présent entre Giacometti et Uchard, puisqu'ils m'ont précédé tous les deux ! — Qu'ils se débrouillent.

Mais la situation d'Uchard me paraît mauvaise : — comment va-t-il sortir de là ?

Essayera-t-il d'établir que sa pièce n'a aucun rapport avec celle de Giacometti ?

On va le battre avec ses propres armes, et lui démontrer que c'est la même pièce, et cela par des arguments que je le défie de contester...

Les siens !...

Comment, en effet, Uchard prétend-il démon-

trer qu'*Odette* est la même pièce que la *Fiammina?*

Par ce qu'il appelle l'*argumentum*. Ecoutons-le :

ARGUMENTUM.

L'idée de pièce dans la *Fiammina*, c'est la situation de deux époux séparés, qui se retrouvent au bout de 15 ans, ayant entre eux un fils qui croit que sa mère est morte.

L'idée de pièce dans *Odette*, c'est la situation de deux époux séparés, qui se retrouvent au bout de 15 ans, ayant entre eux une fille qui croit que sa mère est morte.

Parfait! — Appliquons l'*argumentum* à la *Colpa* et à la *Fiammina*.

ARGUMENTUM.

L'idée de pièce dans la *Colpa vendica la colpa*, c'est la situation de deux époux séparés qui se retrouvent au bout de 13 ans, ayant entre eux une fille qui croit que sa mère est morte.

L'idée de pièce dans la *Fiammina*, c'est la situation de deux époux séparés qui se retrouvent au bout de 15 ans, ayant entre eux un fils qui croit que sa mère est morte.

Donc, la *Fiammina* est la même pièce que la *Colpa*, puisque c'est l'*Argumentum* qui le dit...

Ceci posé, continuons à appliquer à Uchard sa propre méthode.

Comment prétend-il établir que la scène des deux époux est identiquement la même dans *Odette* et dans la *Fiammina*, et qu'il n'y a pas « dans l'une un mot qui ne soit dans l'autre »?

Par le tableau suivant :

FIAMMINA	ODETTE
DANIEL. — Je ne pouvais plus pardonner. Il était trop tard.	LE COMTE. — Ah ! comme j'aurais dû vous tuer !
FIAMMINA. — L'épouse ne peut vous reprocher votre sévérité, je le sais ; mais la mère ?... la mère avait au moins le droit de voir son enfant.	ODETTE. — L'épouse, peut-être... mais la mère?... Vous n'en aviez pas le droit... C'est vous qui m'avez défendu d'être mère. Qui donc m'a, la nuit, dérobé mon enfant?
DANIEL. — Quand je vous revis, vous aviez perdu ce droit. Vous aviez d'autres liens que mon fils ne devait pas connaître, par respect pour vous-même.	LE COMTE. — Fallait-il aussi la confier aux soins de votre amant? Vous ai-je défendu de la voir?
FIAMMINA. — Oui, mais n'a-t-il pas appris à me maudire?	ODETTE. — Ah! oui, chez une autre, en visite... Et pour la confier aux soins d'une bonne... et lui ap-

DANIEL. — Non! J'ai voulu qu'il gardât pur le souvenir de sa mère. Il la croyait morte, puisqu'il ne l'avait jamais vue.

FIAMMINA. — Quels que soient mes torts envers vous, je veux voir mon fils, je le veux !

prendre à me mépriser, à me haïr !

LE COMTE. — Non, elle vous croit morte.

ODETTE. — Je ne demande plus, j'exige ; je vous somme de me laisser voir ma fille !

Appliquons maintenant ce procédé Uchard à la *Fiammina* et à la *Colpa*.

Et voici ce que nous trouvons, avec les mêmes phrases de la *Fiammina* :

LA COLPA VENDICA LA COLPA	FIAMMINA
ÉDOUARD. — Je ne puis plus pardonner. Le monde ne me pardonnerait pas à moi-même. (P. 74.)	DANIEL. — Je ne pouvais plus pardonner. Il était trop tard. (P. 106.)
SARA. — Vous avez raison ; quand l'épouse est tombée, elle ne peut plus se relever. Au moins donnez-moi ma fille, un jour, une heure. (*It.*)	FIAMMINA. — L'épouse ne peut vous reprocher votre sévérité ; mais la mère avait au moins le droit de voir son enfant. (*It.*)

ÉDOUARD. — Vous demandez l'impossible. Pour dire à Nelly que vous êtes sa mère, il faut lui dire aussi comment vous avez vécu jusqu'ici. (P. 75.)

SARA. — Et la malheureuse sait que sa mère ?... (P. 51.)

ÉDOUARD. — Vous ne savez donc pas ce que j'ai souffert, pour que Nelly continuât à vénérer votre mémoire. Je lui ai laissé croire que vous étiez morte et j'ai prié avec elle sur votre tombeau. (P. 75.)

SARA. — Je vous demande une grâce... Accordez-moi ma fille !... Mourir ! mais voir ma fille. (P. 54, 75.)

DANIEL. — Quand je vous revis, vous aviez perdu ce droit. Vous aviez d'autres liens que mon fils ne devait pas connaître, par respect pour vous-même. (P. 107.)

FIAMMINA. — Oui ! Mais n'a-t-il pas appris à me maudire ? (P. 107.)

DANIEL. — Non ! J'ai voulu qu'il gardât pur le souvenir de sa mère. Il la croyait morte, puisqu'il ne l'avait jamais revue.

FIAMMINA. — Quels que soient mes torts envers vous, je veux voir mon fils, je le veux ! (P. 107.)

Après un rapprochement si éloquent, je ne puis mieux faire que de céder la parole à Uchard.

C'est lui, écoutez-le bien, qui va plaider et conclure contre lui-même :

« Ainsi, s'écrie Uchard (p. 65 et suiv.), les citations textuelles réduisent à néant toutes ces allégations qui essayent d'invoquer les hasards d'une rencontre d'inspiration sur un même sujet !

« C'est le même *argumentum !* le même nœud de pièce : la scène du mari et de la femme se retrouvant après quinze ans !

« C'est la même thèse, le même débat, la même mère rejetant la faute sur son mari !... et l'accusant de l'avoir séparée de son enfant !... Le même fond... les mêmes sentiments... les mêmes passions... les mêmes intérêts qui sont en jeu, et qui vont aboutir à la même conclusion !...

« Tels sont les faits *prouvés, patents, indéniables !!...* »

Eh bien alors, c'est fini, la cause est entendue. Uchard avoue !... Uchard est un plagiaire !... Et tout ce qu'il réclame comme à lui, est bien à Giacometti !

J'entends Uchard protester... « que tout ceci est spécieux, illusoire ! »

Voyons, confrère, il faudrait pourtant raisonner un peu :

Ou ces arguments que nous venons d'entendre et qui sont tous de vous, — je n'en ai pas changé une syllabe, — ou ces arguments, dis-je, sont concluants... ou ils ne le sont pas.

S'ils sont concluants, vous êtes aussi plagiaire que moi !...

S'ils ne le sont pas, je ne suis pas plus plagiaire que vous.

Car enfin les mêmes raisons, les mêmes preuves ne peuvent pas être excellentes, quand vous me les appliquez, et détestables quand je vous les applique.

Bref, vous voilà dans cette alternative :

Ou vous vous défendez d'avoir pillé Giacometti, et vous expliquez ces ressemblances de votre pièce à la sienne par ces rencontres de hasard que vous déclariez tout à l'heure impossibles !... Et dans ce cas, vous êtes forcé de convenir que tout ce que vous avez dit sur *Odette* n'a aucune valeur...

Ou bien vous maintenez la force de votre argumentation, l'évidence de vos preuves !... Et alors elles se retournent contre vous !... Elles vous condamnent !... Vous avez pillé Giacometti !

En un mot, vous ne pouvez pas vous justifier, sans me justifier aussi !...

Ni m'accuser, sans vous accuser vous-même !

Voilà le dilemme, mon bienveillant confrère. Faites votre choix ; moi, cela m'est égal. Et sortez-en si vous pouvez !...

Mais je crois bien que vous n'avez qu'une issue :

C'est d'avouer que ce que vous avez dit sur

Odette n'a pas plus de sens que ce que vous venez de débiter à propos de Giacometti...

Et que votre libelle contre moi est divagation toute pure !...

Ce qu'il fallait démontrer !

XII

« Je perdrai mon procès, disait dernièrement Uchard en public, mais j'aurai bien ennuyé Sardou. »

Uchard peut se vanter de m'avoir souvent ennuyé ; mais pour cette fois, non ! — Otons-lui son illusion !

Il perdra son procès, je l'espère bien, et il ne m'aura pas ennuyé du tout ; — loin de là.

Car il m'aura fourni l'occasion de dire une bonne fois la vérité sur mes prétendus plagiats ; pour l'apprendre à ceux qui l'ignorent et la rappeler à ceux qui font semblant de l'avoir oubliée.

Il ne pouvait pas manquer, en effet, d'invoquer à l'appui de sa cause le souvenir de tous ces plagiats antérieurs. Un bon tiers de son mémoire étant absorbé par ces allusions, on ne s'étonnera

6

pas que je leur consacre à mon tour quelques
pages.

Il va sans dire que je ne m'arrêterai qu'à celles
de ces accusations qui ont été jadis à l'état aigu et
qui reviennent de temps à autres, par intermit-
tences. Autrement, il faudrait passer en revue
tout mon répertoire. Je n'écris plus dans une
pièce nouvelle : « Je vous aime » ! qu'un ingénieux
fureteur ne découvre que l'on a dit cette phrase-
là avant moi ! — Nous ne parlerons donc que des
accusations qui ont fait bruit en leur temps, et par
celles-là on pourra juger de la valeur des autres !

NOS INTIMES !

Quinze jours après la représentation de cette
comédie, un article du *Figaro* signalait la parfaite
ressemblance de mon dénouement avec le *Discours
de rentrée de Rougemont*.

Je ne connaissais pas le *Discours de rentrée de
Rougemont ;* mais cette coïncidence s'expliquait
parfaitement.

C'est que, Rougemont et moi, nous avions puisé
à la même source ; comme l'avaient fait pour la

Précaution inutile Dorimon, Molière, Sedaine et Beaumarchais.

La source commune était ici une petite nouvelle, insérée dans le *Courrier des Dames*, t. XXIII, nᵒˢ 17, 25, septembre 1832, *auteur inconnu*. J'avais lu cette nouvelle dans mon enfance, le souvenir m'en était resté et m'avait inspiré le dénouement de ma pièce.

Je répondis au *Figaro*, en indiquant la source que tout le monde pouvait vérifier. La nouvelle étant antérieure de dix ans à la pièce de Rougemont, il était évident que je ne devais rien à celui-ci, et qu'en m'inspirant du récit anonyme, j'étais exactement dans le même cas que lui, c'est-à-dire parfaitement dans mon droit.

Je dis : « mon droit, » parce que c'est un droit acquis à l'auteur dramatique de trouver les éléments d'une pièce dans une légende, un récit, une chronique, un fabliau, une nouvelle à la main, un fait divers, etc., dont l'auteur est inconnu, ou mort sans héritiers, et qui se trouve, par conséquent, dans le domaine commun. Tous les écrivains dramatiques, du plus grand au plus petit, ont usé de ce privilège, que personne ne leur a jamais contesté. D'un conte de Lafontaine ou de Boccace, d'une historiette de Tallemant des Réaux, d'un récit de Brantôme, il est permis à tout le monde d'extraire une comédie, un drame, un opéra, et je ne vois pas pourquoi je serais en dehors du droit commun !

On comprit que j'étais là hors d'atteinte ; mais cela ne faisait pas le compte des malveillants. Je débutais avec grand succès ; il fallait bien me le faire expier, et l'on s'avisa pour cela d'un procédé fort simple. On fit semblant de n'avoir pas lu ma réponse, d'ignorer l'existence de la nouvelle, dont nous nous étions inspirés, Rougemont et moi, et il fut bien convenu que l'on ne parlerait jamais que de Rougemont *seul*, pour qu'il fût établi que je lui avais pris ce dénouement, qui n'était pas à lui. — Uchard, ai-je besoin de le dire, s'est conformé à cette honnête tradition !

Cette première réclamation fut le point de départ de toutes les autres. Le plagiat est un chef d'accusation d'une commodité parfaite. On l'a toujours sous la main. Le procédé était trouvé ; il ne s'agissait plus que de l'appliquer avec constance. On n'y a pas manqué !

Mais d'abord on revint sur le passé ; un habile homme démontra sans difficulté que les *Premières armes de Figaro* étaient un pastiche de Beaumarchais. Un autre déclara que les *Pattes de mouche* étaient d'Edgar Poë !...

LES PATTES DE MOUCHE

Je ne dois même pas à Poë l'idée première de ma pièce. Voici le fait. On me pardonnera ce récit : c'est presque un hommage de reconnaissance.

Un jour, — il y a plus de vingt ans, — j'entrai dans un bureau de tabac pour allumer un cigare. On n'avait pas encore établi partout les petits tubes en caoutchouc qui servent aujourd'hui à cet usage. On se servait d'allumettes en papier, entassées dans une corbeille. La corbeille étant vide, je ramasse à terre un fragment de papier tordu, à demi brûlé. J'allume, et tout en aspirant la fumée, je constate du coin de l'œil que c'est une lettre. J'éteins, j'ouvre et je vois la signature : — Marie Laurent. — C'était une lettre de Mme Laurent à ses fils, alors au lycée, et toute pleine de bons conseils, de tendresse, de chatteries maternelles... charmante ! — Voilà mon imagination en éveil !... Si cette lettre était, non pas d'une mère à ses enfants, mais d'une femme coupable à son complice ?... Des reproches, un rendez-vous donné ?...

6.

que sais-je?... Egarée par le galant, ramassée par
un curieux... la voici aux mains du mari!... Les
Pattes de mouche sont nées de ces réflexions. Je
dois la première idée de ma pièce à Mme Laurent,
dont j'ai conservé la lettre, pieusement, ai-je
besoin de le dire?...

A la *Lettre volée* de Poë, je n'ai emprunté que
l'ingénieuse idée de la cachette dans l'endroit le
plus apparent. C'est beaucoup, mais ce n'est pas
toute la pièce. Et enfin c'eût été plus, que par les
raisons susdites, j'étais pleinement dans mon droit.
Aujourd'hui encore, vous entendrez dire que les
Pattes de mouche sont prises à Edgar Poë, et personne ne le répète plus consciencieusement que
celui qui ne l'a jamais lu.

LES GANACHES

On joue les *Ganaches*. Réclamations de MM. Erck-
mann-Chatrian. « Les *Ganaches* sont une contrefaçon de leur *Daniel Rock*. »

Daniel Rock est un forgeron de campagne qui
proteste contre l'établissement d'un chemin de
fer. Il forge une lance énorme, et le jour de l'inau-

guration, campé sur la voie, il attend, lance en
arrêt, l'arrivée du premier train... Vous voyez
d'ici l'effet produit!... C'est ce personnage que
MM. Erkmann-Chatrian prétendaient retrouver
dans mon Fromentel, armé de ses seules allumettes, et que ce pauvre Lesueur a créé si drôle-
ment!...

Par la même occasion, MM. Erkmann-Chatrian
revendiquaient aussi mon docteur Tholozan des
Intimes : attendu que ce médecin croit à la métempsycose, et que leur *docteur Matheus* croit
aussi à la *métempsycose!...* La métempsycose ré-
clamée comme propriété personnelle... Il n'y a
pas mieux!...

LES POMMES DU VOISIN

Voici, de toutes les accusations formulées contre
moi, celle qui a fait le plus de bruit. Aujourd'hui
encore, c'est elle qui revient le plus souvent. On
me permettra donc de raconter l'affaire tout au
long.

Un matin, j'entre chez Michel Lévy.

« — Je viens, lui dis-je, vous demander l'adresse de Mᵐᵉ Charles de Bernard.

« — Tiens, dit Michel, vous avez affaire à Mᵐᵉ de Bernard?...

« — Oui, et la chose n'a rien de mystérieux : j'ai promis une pièce au *Palais-Royal* ; j'en vois une amusante dans *une Aventure de magistrat*, de Ch. de Bernard ; je veux demander à sa veuve à quelles conditions elle me laisserait faire cette pièce?...

« — A quelles conditions?... s'écrie Lévy... Vous songez sérieusement à lui demander ses conditions?...

« — C'est trop juste ! Quand je vois un élément dramatique dans une pièce du domaine public, j'en profite comme d'une chose qui est à tout le monde, donc à moi ; mais ici le cas est tout autre... L'auteur est mort, c'est vrai ; mais il a une veuve, héritière de ses droits. Ce n'est plus un bien commun ; c'est une propriété très respectable, et j'achète le droit de m'en servir.

« —Eh bien, cher ami, me dit Lévy, vous pouvez vous vanter de faire là une chose à laquelle personne n'a songé avant vous. C'est un bel exemple de probité littéraire, et toute la Société des gens de lettres vous devra un joli cierge !... On a mis au théâtre l'*Innocence d'un Forçat*, du même de Bernard, sans tant de scrupules ; la *Petite Fadette* de

Mme Sand; le *Michel Perrin*, de Mme de Bawr;
l'*Eugénie Grandet*, de Balzac, et combien d'autres !...
Et jamais, au grand jamais, l'auteur de la pièce
n'a demandé à l'auteur du roman son autorisa-
tion, ni le prix de son consentement. Enfin, de
cette même *Aventure de magistrat,* Casimir Delavigne s'est inspiré pour son *Conseiller rapporteur,*
Charles de Bernard étant encore de ce monde, et
Delavigne ne lui a pas même offert un fauteuil
pour la première. Laissez-moi vous féliciter chau-
dement, et vous prédire un beau succès, non
seulement au Palais-Royal, mais dans tout le clan
des romanciers, pour qui vous allez créer un précédent si fructueux. »

Tout en parlant, Lévy fouillait dans un dossier.

« — C'est, dis-je, l'adresse que vous cherchez ?...

« — L'adresse, répliqua Lévy, est inutile. Votre
visite est faite. — Mme Ch. de Bernard... c'est moi ! »

Et il mit sous mes yeux un traité établissant
qu'il avait acquis la propriété de plusieurs nouvelles de de Bernard, y compris celle dont il
s'agissait. L'héritier, c'était donc lui.

Il n'y avait rien à objecter.

« — Alors, lui dis-je, combien ? »

Lévy réfléchit, puis me dit :

« — Pour vous, et en faveur de l'exemple, ce ne sera qu'un tiers de vos droits. »

Ce n'était pas donné ; mais je ne songeai même pas à marchander. — Le traité fut fait et signé séance tenante, et le lendemain je me mis au travail.

Si jamais homme s'est cru à l'abri de toute revendication, c'était bien moi, n'est-ce pas ?—Vous allez voir.

La pièce est jouée. Trois jours après, la Société des gens de lettres m'écrit pour protester contre l'abus que j'ai fait de l'œuvre de de Bernard, en m'emparant de sa nouvelle, et le même jour, un membre du comité, M. de Bragelonne, publie dans son journal, *le Voleur*, un article virulent, où je suis dénoncé comme un plagiaire, à qui le comité des gens de lettres fera rendre gorge.

On pouvait s'étonner que ce même comité, qui n'avait jamais songé à défendre les intérêts de Mme Sand, de Balzac, de Mme de Bawr ni de Ch. de Bernard lui-même, s'émût tout à coup d'un si beau zèle. Mais considérez que cette fois c'était contre moi !... Et par un malheureux hasard, la commission se mettait en campagne le jour même où elle aurait dû rester chez elle.

Ma réponse était trop facile. J'écrivis immédiatement au *Figaro* pour établir les faits et prouver, traité en main, que ce que l'on m'accusait d'avoir dérobé, je l'avais acquis loyalement et même un peu cher... Puis j'attendis les compliments du comité et le fameux cierge promis par Lévy.

Rien ne vint. La commission se le tint pour dit et fit la morte. Et malheureusement pour lui, Ed. Fournier n'imita pas son exemple.

Mais laissons là Fournier qui n'est plus... C'était un homme d'une rare érudition et que je regrette beaucoup.

Et dégageons la moralité de cette aventure.

Donc : 1º Delavigne vient, s'empare de la nouvelle de de Bernard *et ne paye rien !* — Personne ne dit : « Ouf!... » Pas même de Bernard.

J'arrive plus tard : *j'achète et je paye !* — Tout le monde crie : Au voleur !

2º Je donne, comme le disait fort bien Lévy, l'exemple d'un respect de la propriété d'autrui que personne n'avait donné avant moi. Je crée un précédent favorable à toute la Société des gens de lettres...

Ils ne me l'ont pas encore pardonné !

J'ai droit à des remerciements :

Je ne recueille que des injures !...

Quant à Uchard, admirons ici son attitude.

Si quelqu'un connaît bien l'affaire, c'est assurément lui. Lévy est son éditeur... Michel est mort ;

mais Calmann est là !... Ma préface est là... Mon traité est là !...

Seulement vous sentez bien que cela gêne Uchard, cette histoire. Les *Pommes du voisin* ne sont plus un argument contre moi ; au contraire ! Tandis que la légende... elle est trouble, la légende, elle est louche, elle laisse peser sur moi des soupçons d'autant plus fâcheux que ceux qui la colportent ne savent même pas de quoi ils parlent.

Et voyez l'ingénieux travail de Uchard pour étouffer l'histoire sous la légende !

Il n'ose pas dire que j'ai volé les *Pommes du voisin*. — Oh ! non, ce serait trop gros.

Mais quel habile emploi de l'équivoque pour le donner à croire ! Observez, je vous prie, ces petites phrases, tortueuses, sournoises, qui rampent sur mes talons, en essayant d'y mordre.

Je parle dans ma préface de l'emprunt en général :... Il se hâte d'appliquer ce que j'en dis aux *Pommes du voisin*, dont il n'est pas question.

« — Ici l'emprunt, dit-il, avec un mauvais sourire, c'est un roman... »

Quand il sait aussi bien que moi que les *Pommes du voisin* ne sont pas un *emprunt* : mais un *achat !...*

Ou bien, il vous parlera de revendications, que,

« *à l'exception de celles de Lévy, j'ai réussi à écarter !.* »

Ce qui tend à m'enlever le mérite de ma démarche spontanée, et à faire croire que Lévy a *revendiqué*, et que j'ai *essayé en vain* de me dérober à cette *revendication !...*

Ou encore, il vous dira : si Bandello survenait dans le débat, « *comme les héritiers de Ch. de Bernard, à propos des Pommes du voisin, pour réclamer !...* »

Ce qui donne à entendre que ces héritiers sont *intervenus*, qu'ils ont *protesté, réclamé*, et que je ne me suis empressé de payer des droits à Lévy, que *contraint, forcé, malgré moi !...*

Tandis que c'est *volontairement, bénévolement, spontanément !...*

Ceci est toujours la lutte *courtoise*, annoncée par Uchard...

Et ces petits coups de couteau qu'il essaie de me donner dans le dos...

C'est la fameuse : « Passe d'armes... » qu'il nous promettait *!...*

MAISON-NEUVE.

On joue *Maison-Neuve :* Clameurs : — « C'est de Gozlan ! »

S'il est une histoire, vieille comme le monde,

7

c'est bien celle de la femme qui se voit subitement, avec un amant mort dans ses bras, ne sait
comment se défaire du cadavre, le fourre dans un
sac, dans un coffre, dans un puits ; etc. — On
la retrouve partout chez les vieux conteurs, et
pour ne citer que les meilleurs récits, tout le
monde peut la lire dans Boccace : nouvelle VI,
quatrième journée ; ou dans le curieux petit
Journal amoureux de la cour de Vienne, page 76 et
suivantes.

Gozlan s'était dit avec raison qu'on pouvait encore tirer parti de cette aventure, en la donnant
pour toute récente. Elle lui avait, disait-il, été
contée par Vidocq, lequel avait joué un rôle dans
l'affaire, pour l'enlèvement du cadavre. — Gozlan
connaissait bien ses contemporains ! — Ce fut
chose avérée qu'il l'avait écrite sous la dictée de
Vidocq, acteur et témoin du fait !

J'arrive là-dessus, et sans me soucier ni de
Gozlan, ni de Vidocq, ayant lu Boccace et aussi
quelques autres, je mets en scène une femme
qui, dans un rendez-vous, se trouve fort embar-
rassée d'un amant qui est ivre, qu'elle croit mort
et qu'elle cache à l'arrivée de son mari. Notez
bien qu'il n'y a rien de tel dans Gozlan, et que je
ne lui empruntais, ni police, ni agent, ni transport
de cadavre; rien enfin de ce qui est bien à lui.

Je ne gardais du fait que le lieu commun, le point de départ, l'idée première des vieux conteurs ; la rajeunissant à ma façon, comme Gozlan l'avait fait à la sienne.

Mais un ignorant crie. — Les autres font écho : — « C'est à Gozlan !.. Un fait historique !.. qui lui a été conté par Vidocq!... etc. » — Et vous entendez braire après moi ces gens qui n'ont pas lu Boccace !...

Tel est mon plagiat de *Maison-Neure !*

Uchard l'ayant rappelé, je suis forcé d'en conclure qu'il n'a pas lu Boccace ! — Il a tort ! — Cela vaut bien la *Buveuse de perles !*

PATRIE !

Voici *Patrie !* — On découvre que c'est *la Bataille de Toulouse*, de Méry. — Je ne connaissais pas plus la *bataille de Toulouse*, en écrivant *Patrie*, que la *Colpa* en écrivant *Odette*. Mais je déclare que si je l'avais connue, ce n'est pas cette bataille-là qui m'aurait empêché de livrer la mienne, et de la gagner !..

Un directeur se dit : — « Profitons du scandale! » — Il joue la pièce de Méry. — Le public y va, hausse les épaules et retourne à *Patrie!*...

Je m'en tiens à ce jugement !

FERNANDE.

Voici *Fernande !* — Protestations : « — C'est d'Ancelot!.. lisez sa *Léontine !* »

S'il est des écrivains qui n'ont pas lu Boccace, il ne faut pas s'étonner que d'autres ignorent l'existence d'un certain Diderot, qui écrivit jadis *l'Histoire du marquis des Arcis et de madame de la Pommeraye !* »

Il fallut leur expliquer la ressemblance de *Léontine* et de *Fernande*, par ce fait excessivement simple que Ancelot et moi nous avions mis au théâtre ce même récit de Diderot, chacun à notre mode, ce qui était notre droit incontestable à tous les deux.

Et alors, à cette révélation, le mot très fin d'un personnage fort avisé...

« — Quelle part de ses droits M. Sardou donne-t-il, pour sa *Fernande*, aux héritiers d'Ancelot ? »

Et ma réponse à ce personnage si fin :

« —Exactement celle que paye M. Ancelot aux héritiers de Diderot. »

Il va sans dire aussi que *Séraphine* est *toute* de Diderot; car c'est sur une phrase de lui que j'ai construit ma pièce.

Mes confrères peuvent mettre à la scène *Robinson Crusoë, Paul et Virginie, Tom Jones, Gil-Blas, Clarisse Harlow, Wilhem Meister, Gulliver et Manon Lescaut !...*

On trouve cela tout naturel, et l'on a bien raison.

Mais que j'emprunte à Diderot l'idée première de *Séraphine ;...* je suis un plagiaire.

Les autres, jamais !

Moi, toujours !.. C'est convenu :

Continuons...

ONCLE SAM.

Voici encore une affaire qui a fait grand bruit et que l'on rappelle volontiers. Je ne demande pas mieux, pourvu qu'on la rappelle exactement.

Avant même que la pièce fût jouée, MM. Assollant et Jules Barbier réclamaient déjà. — Je n'avais fait, disaient-ils, une satire de mœurs américaines, que parce que j'avais eu vent d'une pièce de même nature qu'ils destinaient au *Vaudeville.* Il fallut démontrer, traité en main, que ma pièce « *sur les mœurs américaines,* » était promise au Vaudeville, un an avant qu'il fût question de la leur !

Ma pièce jouée, ce fut bien pis. MM. Assollant et J. Barbier, qui ne trouvaient plus à placer leur *Roi Dollar,* m'accusèrent formellement de n'avoir fait *l'Oncle Sam* qu'avec des éléments empruntés aux *Scènes de la vie des Etats-Unis* de M. Assollant, et notamment à ses *Butterfly* ; les mœurs américaines n'étant évidemment connues en France que par les livres de M. Assollant.

L'affaire fut déférée à la commission dramatique, dont j'acceptai l'arbitrage.

« — Comment désirez-vous procéder, me demanda le président, Auguste Maquet, dans une première entrevue ? »

— Voici, dis-je, ce que j'ai l'honneur de proposer à la commission : — Je dépose le manuscrit de ma pièce sur le bureau. Ces messieurs l'emportent. Ils soulignent au crayon tout ce qu'ils prétendent leur appartenir. Et je viens ici, dans huit jours, leur démontrer qu'il n'y a rien à eux. »

L'offre étant acceptée, mon manuscrit est livré

à mes confrères, annoté, souligné, corné à toutes les pages, et m'est renvoyé en cet état.

Le vendredi suivant, jour fixé pour la discussion, j'arrive avec quelques livres sous le bras, anglais, américains, français, etc. ; plus le manuscrit que je remets au président, en le priant de donner la parole à ces messieurs.

Jules Barbier ouvre le manuscrit et cite, dès le début de la pièce, un trait de mœurs signalé comme pris aux *Butterfly*. — J'ouvre aussitôt un de mes volumes et je lui montre le même trait de mœurs dans un livre anglais, antérieur aux *Butterfly*. — Même jeu de Barbier à la page suivante. Et même jeu de moi avec un livre américain. — Il récidive! — Je réitère !.. Et ainsi pendant deux heures !... page par page !.. ma réponse arrivant toujours à la parade. Si bien que lorsque la dernière page fut tournée, il ne restait pas un trait, pas une observation... *pas un mot*... dont M. Assollant put réclamer la paternité !

— Il y eut là un moment solennel.. —Barbier, n'en pouvant plus, s'épongeait le front en silence. La commission impassible me regardait, et je regardais Assollant, qui regardait la table !...

« — M. Assollant voit donc bien, dis-je, en fermant mon dernier livre, que ni lui ni moi, nous n'avons découvert l'Amérique !... »

La commission nous fit sortir pour délibérer et déclara à l'unanimité que M. Assollant était mal fondé en sa demande et que je ne lui devais rien du tout.

Le lendemain il écrivait dans les journaux — « qu'il aurait dû s'y attendre ; *les loups ne se mangeant pas entre eux !...* »

Attrape, commission !... »

ANDRÉA

On joue *Andréa* au Gymnase. M. Cournier s'écrie : « — C'est à moi !... »

Ici je n'étais pas seul sur la sellette, j'avais un complice : Montigny.

Cournier disait : « — J'ai remis à M. Montigny un manuscrit : *Le Médecin de son honneur.* Montigny l'a communiqué à Sardou, et Sardou a fait *Andréa* avec ma pièce. Après quoi Montigny m'a rendu mon manuscrit *refusé !...* »

Cournier ne se bornait pas à déblatérer contre nous sur la voie publique et à nous cribler de petites notes injurieuses dans les journaux. Il avait publié un fort mémoire, presque aussi confus que celui de Uchard, et aussi concluant : les mêmes plaisanteries ramassées dans le ruisseau, les mêmes calomnies sur mes plagiats antérieurs, tout s'y retrouve : et presque les mêmes phrases !... C'est à croire que Uchard l'a copié de la page 138 à la page 146.

Bref, Cournier nous assigne, Montigny et moi, par-devant le tribunal de commerce, et nous sommes invités à nous présenter tous les trois chez M. Mercier, juge audit tribunal, pour être entendus contradictoirement, avec pièces à l'appui.

J'arrive avec mon manuscrit ; Montigny m'accompagnait.—Cournier a la parole. Il formule son accusation ; puis M. Mercier se tourne vers moi :

« — Que répondez-vous à cela ?

« — Un seul mot : je prie M. Cournier de vouloir bien nous dire à quelle date précise le manuscrit de sa pièce a été déposé au Gymnase.

« — Oh! dit Cournier, là-dessus il n'y a pas le moindre doute ; voici le reçu ! — C'est le 16 décembre 1872.

« — Eh bien, dis-je, voici des affiches, des programmes et des comptes rendus américains, établissant que ma pièce, destinée d'abord à l'Amérique, a été jouée à New-York, le 17 septembre 1872 ! C'est-à-dire *trois mois* avant que M. Cour-

nier eût déposé la sienne au Gymnase. Donc, s'il
y a plagiaire..., C'EST LUI !

Je n'ai jamais vu homme plus assommé que
celui-là. Il resta bien trois minutes sans retrouver
le souffle...

« — Et dire, s'écria-t-il enfin, que mon mémoire
m'a coûté si cher !... »

Le cri de ce malheureux, qui était effectivement
dans la misère, nous désarma, Montigny et moi.
On le renvoya, heureux d'avoir affaire à des adversaires de si bonne composition, après lui avoir
fait signer la déclaration suivante :

« ... Je reconnais que *toutes* les situations et *tous*
les détails que j'ai cru avoir été empruntés par
M. Sardou à ma pièce, le *Médecin de son honneur*,
et introduits par lui dans *Andréa*, se trouvent dans
cette pièce jouée en Amérique TROIS MOIS avant la
remise de mon manuscrit à M. Montigny.

« M. COURNIER. »

Six mois plus tard, il m'écrivait pour me proposer sa collaboration !...

Uchard, lui, c'est avant ! — Le pauvre Cournier
était plus naïf.

DANIEL ROCHAT

Un certain Vibert père avait commis un poème insupportable, intitulé *Martura*. Et Vibert fils contemplait avec mélancolie toute l'édition paternelle qui pourrissait en magasin. On joue *Daniel Rochat*; Vibert fils se dit : « Si nous exploitions le bruit fait autour de cette pièce pour écouler notre marchandise? » Et voici Vibert fils qui écrit aux journaux, me dénonce et mène grand train, dans l'espoir que je vais protester. Point ! Je fais le mort!—Vibert fils réitère, m'injurie, me harcèle!... Rien ! !... Exaspéré de ce silence qui ruine sa combinaison, Vibert- fils s'adresse à la Commission dramatique, qui lit *Martura*, en est malade et déclare qu'elle ne veut plus en entendre parler. Et Vibert fils retombe écrasé sur toute son édition, dont je n'ai même pas acheté un exemplaire!...

En cas de procès, j'aurais prouvé à Vibert père et fils que *Rochat* était fait, copié, livré, avant que *Martura* fût imprimé !

DIVORÇONS

Ce dernier fait est si récent que je le rappellerai brièvement. On a prétendu que *Divorçons* était la même pièce que *Brutus lâche César !*

Un directeur, dans l'intention évidente de m'être agréable, se dit : « Montons *Brutus !* » Le public verra bien la différence.

Il monte *Brutus,* et le public voit bien la différence !

Et Sarcey s'écrie :

« — *Divorçons !...* un plagiat !... C'est à mourir de rire ! »

Il m'a bien paru que l'on était assez généralement de son avis !...

Uchard espérait que le même directeur ou quelque autre reprendrait la *Fiammina.* On s'en est bien gardé ; pour cause ! — Personne ne le regrette plus que moi !...

Et voilà mes plus grosses aventures. Je pourrais en citer beaucoup d'autres. Je n'ai rien dit par exemple des *Vieux Garçons,* qui sont, paraît-il, de Ancelot ; ni des *Bons Villageois,* qui sont, comme on l'a vu, de Uchard ; ni de la *Famille Benoiton*, qui est de tout le monde, excepté de moi ; ni d'autres timides revendications pour *Ferréol*, *Dora*, etc... Je n'en finirais pas ! C'est toujours la même chose !... On ne se préoccupe pas de la valeur de l'accusation ; l'important c'est qu'on la formule, pour se conformer à l'usage établi.

Le réclamant est quelquefois un homme d'esprit fourvoyé.—Souvent un de ces vaniteux qui se persuadent que l'on ne pense rien qu'ils n'aient pensé avant vous... — Plus fréquemment un impuissant heureux de dégorger son fiel, ou quelque rusé qui crie dans l'espoir de faire acheter son silence. — Celui-ci y voit l'occasion de faire reprendre une vieille pièce oubliée ; celui-là d'en faire accepter une dont personne ne veut ; cet autre, d'apprendre son nom au public qui l'ignore, ou d'en raviver l'éclat obscurci. — C'est ce dernier, bien connu d'Uchard, qui écrivait dernièrement à un journaliste, pour une affaire toute semblable à celle-ci... :

« — *Ereintez* moi !... mais pour Dieu ! parlez de moi ! »

Et pourquoi ces gens-là se priveraient-ils de crier ? Ils sont sûrs de trouver de l'écho... Il n'est pas petit, je m'en vante, le nombre de ceux qui ne m'aiment pas !... Voilà donc celui qui réclame assuré déjà d'un certain succès. Il m'oblige à lui répondre; c'en est un autre. Et que risque-t-il? Le pis qui lui advienne, c'est qu'on lui donne tort... Et après? — Je n'ai pas recours contre lui. Il s'est mis en évidence. C'est pour lui tout profit.

Et puis, il sait bien « qu'il en restera toujours quelque chose », l'histoire s'oublie, la légende survit. Quand Cournier est mort, j'ai lu dans trois journaux : « Il avait accusé Sardou de lui avoir emprunté son *Andréa*. »

Mais pas un n'ajoutait :

« — Et Sardou a prouvé l'absurdité de cette accusation !... »

Si bien que ce qui reste dans l'esprit du public, c'est toujours le souvenir de l'attaque, jamais celui de la riposte !... Et comme à chaque pièce nouvelle surgit une nouvelle réclamation, il finit par se dire : « Il faut pourtant bien qu'il y ait là quelque fond de vérité! »

« D'autant, ajoute Uchard, que « cette disgrâce » n'arrive qu'à Sardou, jamais aux autres ! »

Ah! il y a un moyen bien simple pour qu'elle arrive aux autres comme à moi. Qu'on applique à leurs œuvres les mêmes lunettes !... On verra le résultat !

J'ai cité plus haut les pièces récentes et les

ressemblances très légitimes qu'elles offrent avec des pièces plus anciennes...

Supposez que j'en sois l'auteur... Ce qui n'était que ressemblance s'appellera plagiat ! — Et c'est fait !

Et puis, il est bon là, le confrère avec : « Ma disgrâce !... »

« Disgrâce ?... » une accusation de ce genre !... Mais c'est la consécration du succès. Il n'y a pas de bonne renommée sans cela !... Disgrâce !! ... Et « qui n'arrive qu'à moi ?... »

Il n'y avait encore que deux auteurs tragiques au monde, Eschyle, Sophocle : et le second passait déjà pour avoir pillé le premier... Arrive Euripide : on l'accuse d'avoir pillé les deux autres !... La comédie vient de naître : voici Ménandre... Et Latinus fait un gros volume des plagiats de Ménandre !...

Cela commençait bien : cela a continué... Plaute, Térence, Virgile, Sénèque, Dante, Boccace, Rabelais, Montaigne, Malherbe, Regnier, Pascal, Milton, Corneille, Molière, Racine, Lafontaine, Boileau, Voltaire, etc., etc., tous plagiaires !... Et Shakspeare donc !... « ce *Jean factotum* » disait Robert Green... qui me prend toutes mes pièces !... » Et Victor Hugo donc !... *Lucrèce Borgia*, c'était : *le fils de Ninon !... Ruy-Blas* était de

Scribe ; et *Hernani !...* lisez M. Jay. — « Il n'y a
dans *Hernani* qu'un langage qui n'a pas de nom.
L'idée première est à *Prior,* auteur d'un charmant
poème : *Henry and Emma !...* »

Prior !... le nom même est un argument !

Et Scribe ?... Et Dumas père ?... Et Augier,
avec son pharmacien qui lui réclamait *Gabrielle.*
Et Labiche avec son procès pour *M. de Coislin?...*
Et About avec *Tolla?...* Et Feuillet avec son
Roman d'un jeune homme pauvre, à qui il n'a manqué
que d'être de moi, — je le souhaiterais ! — pour
qu'on le signalât comme pillé dans : « la *Jeune
Femme volontaire* d'Emilie Carlen !... »

Me voilà en si belle compagnie que je suis tout
confus de m'y voir !

Disgrâce ?... Peste, mon confrère !... Dites
honneur !... Et grand honneur !... que je vous
souhaite...

Ce n'est pas, du reste, le seul compliment
que Uchard m'adresse, sous une forme qu'il croit
désobligeante.

Ainsi, je ne suis, dit-il, qu'un *arrangeur* de
pièces ! — Sait-il bien que c'est, mot pour mot,
l'épithète dont on saluait Molière de son vivant ?...
Et quand le même Uchard parle des *vieux bouquins* où je puise, ne croirait-on pas entendre l'auteur de la *Zelinde*, s'écriant :

« — Ah ! ce n'est pas difficile de faire des pièces comme lui ; on n'a qu'à lire tous les *vieux bouquins*... Ce n'est qu'un mélange de larcins !... On pourrait faire venir tous les auteurs et tous les *vieux bouquins*, où il a pris tout ce qu'il y a de plus beau dans ses pièces !... »

Ainsi, jusqu'aux *vieux bouquins*... tout y est !...

Oh ! mon cher confrère, que je vous sais gré de ce rapprochement !

Mais je m'arrête... Uchard va s'écrier que j'ose me comparer au grand homme... Epargnons-lui ce badinage !...

Et, pour en finir avec mes plagiats, un dernier mot...

Comment donc se fait-il, quand la pièce d'un autre offre avec l'une des miennes, *antérieure*, quelque frappante ressemblance, que les mêmes gens, si chatouilleux sur la propriété d'autrui, le soient si peu sur la mienne ?...

Je pourrais citer cinquante exemples. Un seul suffira.

Que *Fromont jeune et Rissler aîné*, l'un des meilleurs romans de M. Alph. Daudet, sinon le meilleur, eût précédé *Maison-Neuve*; entendez-vous d'ici les cris !...

« Quoi ! la même ruine, en plein bal. A l'entresol la caisse vide, tandis qu'on danse au pre-

mier!... La même femme, foudroyée par la même
faillite, dans le même triomphe... Tout, jusqu'aux
bijoux arrachés ! — Quel plagiat !... »

C'est pour le coup que M. Alph. Daudet eût
parlé aigrement de « ma mémoire ! »

Maison-Neuve précède *Fromont jeune.* — Personne
ne bronche.

Est-ce à dire que j'accuse M. Daudet de m'avoir
emprunté tout cela ? Dieu m'en préserve. J'ai fait
là-dessus ma profession de foi à Uchard, qui n'y
a rien compris, du reste. J'ai dit que je ne voyais
pas pourquoi un autre n'aurait pas la même idée
que moi !... C'est assez pour que l'on ne se mé-
prenne pas sur l'intention de ma remarque...

Je ne signale le fait que pour sa « curiosité » ;
rien de plus.

Que l'un de mes confrères marche sur mes bri-
sées et refasse tout ou partie de l'une de mes pièces... que m'importe ?...

Ou son œuvre est meilleure que la mienne !...
Et je n'ai rien à dire !...

Ou elle est moins bonne !... Et j'aurais grand
tort de me plaindre !

Uchard peut bien refaire toutes mes pièces ! —
Du diable si je proteste !

XIII

Il ne me reste plus qu'à traiter rapidement un dernier point.

Après avoir consacré tant de paroles inutiles à mes plagiats antérieurs, Uchard devait naturellement parler des pays étrangers et de la rigueur avec laquelle j'y défends mes droits.

« — Voyez : dit-il, Sardou a deux poids et deux mesures... En France, il prend ce qui lui plaît... mais en Angleterre, il ne veut pas qu'on touche à son bien ! »

On sait ce qu'il faut penser maintenant de ce prétendu droit que je m'arroge de prendre en France *ce qui me plaît* ; c'est-à-dire la *Fiammina*, qui ne me plaît pas du tout !...

La vérité : c'est qu'en France je respecte la propriété d'autrui, *la vraie ;*

Et qu'en Angleterre, j'entends qu'on respecte ma propriété ! — *la vraie;* toujours.

Là-dessus, Uchard cite le cas de M. Mortimer. Le cas de M. Mortimer est très simple : il a pris la *Papillonne,* l'a traduite et l'a fait jouer sous son nom.

J'ai réclamé. Uchard s'étonne. Il admire même que : « *dans sa simplicité* (sic), le *généreux fils d'Albion* (sic) ait pris la peine de se défendre ! »

« M. Mortimer, dit-il, a établi très clairement que sa pièce n'était pas une traduction, mais simplement une pièce *fondée* sur la *Papillonne.* »

M. Mortimer n'a rien établi du tout !... Il a dit tout ce qu'il lui a plu, avec· la *simplicité* d'un homme que la justice de son pays a récemment condamné pour diffamation !... Quand Uchard voudra honorer de sa sympathie quelque « *généreux fils d'Albion* », il fera bien de consulter son casier judiciaire.

Si Mortimer s'était inspiré de la *Papillonne* pour en faire une pièce nouvelle, toute de son cru, je n'aurais rien dit. Il serait dans son droit... Mais la traduire exactement, la donner pour sienne, et la signer de son nom, en oubliant le mien... c'est tout bonnement de la friponnerie littéraire; et il n'y a que Mario Uchard pour tenter d'établir un rapprochement entre ces deux faits :

Ma réclamation pour la *Papillonne* ;

Sa réclamation pour la *Fiammina*.

C'est-à-dire pour assimiler la revendication d'une propriété chimérique à la revendication d'une propriété incontestable...

Uchard dit encore avec la même logique :

« Sardou se plaint que Mortimer ne l'ait pas nommé sur l'affiche. Et lui, a-t-il nommé de Bernard, pour les *Pommes du voisin ?*...

Disséquons encore ce sophisme !...

La *Papillonne* est de moi ; j'ai le droit de la signer en Angleterre comme en France. Les *Pommes du voisin* ne sont pas de Ch. de Bernard. — Il est l'auteur de la nouvelle, d'où j'ai tiré la pièce : mais il n'est l'auteur de la pièce à aucun titre, il n'en a pas écrit une ligne. J'aurais voulu mettre son nom à côté du mien sur l'affiche du *Palais Royal*, QUE JE N'EN AVAIS PAS LE DROIT !... On m'eût objecté avec raison qu'il ne m'était pas permis de faire participer de Bernard à la fortune, bonne ou mauvaise de ma pièce ; et de le rendre solidaire, après sa mort, des écarts de ma plume.

Non ! de grâce, vous figurez-vous Jules Barbier écrivant sur l'affiche de l'Opéra :...

FRANÇOISE DE RIMINI.

Paroles du DANTE... et de M. Jules Barbier !...

Jules Barbier associant le Dante aux destinées de son Opéra ! Le Dante responsable de la poésie de Jules Barbier !...

Mais trève à ces enfantillages,... et parlons de choses sérieuses :

Le fait sérieux et grave ; le voici :

Après des années d'efforts impuissants, pour faire respecter nos droits en pays étrangers, nous nous trouvions servis par une circonstance favorable : le traité de commerce à renouveler avec l'Angleterre, c'est-à-dire avec le pays qui nous vole le plus !...

Jamais le gouvernement Français n'a daigné prendre au sérieux la défense de nos intérêts littéraires. Les conventions actuelles ne nous accordent que des garanties dérisoires. En vue du re-

nouvellement de ces conventions, je fis part à la
commission de l'affaire Mortimer, et de mon dé-
sir d'en profiter, pour attirer l'attention du public
sur cette question de propriété littéraire à l'étranger, qu'il ignore absolument.

Ma campagne contre Mortimer n'avait pas d'autre but.

Puis nous rédigeâmes, à la commission, un
projet de convention littéraire internationale en
trois articles, qui résumait toutes les garanties
désirables pour la protection de nos droits, non-
seulement en Angleterre, mais en tout pays. Et
ce projet fut soumis à l'approbation de nos gou-
vernants.

Sur ma proposition, approuvée par la commission de la chambre, nos confrères de la société des
gens de lettres furent invités à formuler aussi les
garanties qu'ils souhaitaient. Ils rédigèrent quatre
articles qui, réunis aux nôtres, furent remis à la
commission de la chambre, comme le *desideratum*
des deux sociétés, à introduire désormais dans
toutes les conventions internationales à venir.

On nous promit d'y avoir égard.

Or c'est à ce moment même, au moment précis où cette question de la propriété littéraire en
pays étranger semble faire un grand pas vers une
solution satisfaisante,... C'est à ce moment-là, dis-

je, que Uchard surgit et vient tout compromettre
par le ridicule procès qu'il m'intente!...

Car, voyez bien l'effet produit :

Sa réclamation est tellement à côté de la vérité,
elle est si contraire au principe même de la propriété littéraire, elle embrouille si bien la question,
confondant le juste et l'injuste, le faux et le vrai,
le droit réel et le chimérique, qu'elle jette le trouble dans les meilleurs esprits et que les personnes,
les mieux disposées à nous venir en aide, s'arrê-
tent, hésitent et pensent :

« Eh ! mais, cette question de propriété n'est
pas aussi simple qu'il nous avait paru tout d'a-
bord... puisque voici quelqu'un qui réclame
comme à lui, ce qu'un autre prétend ne lui appartenir à aucun titre. »

« Et cet autre est précisément celui qui s'est
mis le plus en évidence pour la défense de la
propriété dramatique en pays étranger. »

« Serait-ce donc que M. Weiss a raison, quand
il déclare qu'il n'y a pas de propriété littéraire?...»

« On serait tenté de le croire, à voir ce que
Uchard réclame comme tel !...

De leur côté, les commissaires étrangers s'é-
crient !...

« Eh bien, vous voyez ! quelle confusion,
avec votre propriété littéraire !... Vos auteurs ne

s'entendent même pas entre eux. Ils en viennent, comme Uchard, à revendiquer l'air même que l'on respire... Comment pourrions nous avoir égard à vos réclamations ?... C'est insoluble !... »

Bref, à l'heure où notre propriété littéraire tend à s'affirmer hors de France ; grâce à M. Uchard, des journalistes français s'écrient :

« Mais il n'y en a pas, de propriété littéraire !... »

Nos diplomates :

« Alors s'il n'y en a pas, on n'a pas à la protéger !... »

Les diplomates étrangers :

« Ni à la respecter !... »

Et les pillards de tous pays :

« Donc, pillons de plus belle !... »

Tout cela, grâce à l'auteur [de la *Fiammina*. Et parce que l'auteur de la *Fiammina* éprouvait le besoin qu'on *l'éreintât ;* pourvu qu'on *parlât de lui !...* »

Voilà le plus sûr effet de sa belle campagne. — La littérature entière lui doit bien de la reconnaissance *!...*

Et notez que je ne parle pas ici pour moi ; je suis couvert, moi ; j'ai pris mes précautions. Je parle de l'intérêt général, de l'intérêt de ces mêmes écrivains qui se font, à la suite de Uchard, les champions du *généreux Mortimer* et à qui le succès de

8

mes démarches contre « *Albion* » restituerait le légitime produit de leurs œuvres, qu'on leur vole...

Mais si l'humanité n'était pas un peu bête !... Avec quoi ferait-on des comédies ?...

XIV.

J'ai fini ! — On me pardonnera ce trop long plaidoyer, et Uchard ne me tiendra pas rigueur de quelques petites railleries, dont il m'avait donné l'agréable exemple. Qu'il n'aille pas se figurer au moins que je lui garde rancune !... Certes il ne m'a pas marchandé les critiques bilieuses, ni les compliments acides, sur « mon *incontestable* talent, » qu'il conteste !... mais cette amertume a sa cause... disons mieux, son excuse, — Voilà un écrivain qui débute, il y a vingt-cinq ans, par un coup d'éclat. Il est, pendant quinze jours, une façon de grand homme... Puis plus rien !... Tout le monde le rattrape... le dépasse !... Il reste à la même place, flanqué de son éternelle *Fiammina* !... On s'aigrirait à moins ! — En vain il a tenté d'autres conquêtes dramatiques. Le *Retour du mari* a glacé le public. La *Seconde jeunesse* ne l'a pas ré-

chauffé!... A la *Charmeuse*, on a froncé le sourcil...
Et devant *Tamara*, on s'est fâché tout de bon ! —
Dégoûté de la comédie sérieuse, il s'est essayé
dans la farce, avec la *Postérité du bourgmestre*... On
riait à ses drames; on a failli pleurer à sa bouf-
fonnerie !... Il s'est rejeté sur le roman;... il a
bien fait. — Le roman admet l'esprit faux : —
Uchard peut nous y montrer, dans la *Comtesse
Diane*, un fou guéri par la vue d'un autre fou !...
Dans *Jean de Chazol* une fille qui épouse quelqu'un,
par *vengeance*, pour *le torturer, tout en l'aimant !*...
Ou dans la *Dernière passion*, un mari qui divorce
avec sa femme, *par amour pour elle !* — Tout cela qui
n'affronterait pas impunément la scène, se laisse
lire sans agrément, mais sans révolte ! — Qu'il
s'y tienne !... Et puisque le théâtre lui est décidé-
ment interdit, je lui signale dans « *Mon frère et
moi* » d'Ernest Daudet, une belle réflexion à l'usage
de tous les romanciers qui se sont brûlé les doigts
au feu de la rampe.

Ernest Daudet constate que son frère Alphonse
ne réussit pas dans la comédie, comme dans le roman. — Il en cherche la cause...

« C'est apparemment, direz-vous, qu'il n'a pas
autant de talent comme auteur dramatique que
comme romancier. »

Point du tout !... Vous n'y êtes pas !...

« C'est, dit Ernest, que l'art dramatique est un art inférieur ! »

Voilà de quoi consoler Uchard !

Conclusion, lecteur !...

Désormais, quand tu verras se produire l'une de ces :

« Dénonciations STUPIDES... »

Contre mes :

« PRÉTENDUS plagiats... »

Tu sauras qu'elle est l'œuvre :

« D'INIMITIÉS ENVIEUSES !... »

C'est Uchard qui l'affirme [1] !...

Et il faut lui savoir gré de se souffleter lui-même de si bonne grâce !

1. Voir Uchard, préambule de sa lettre au *Figaro*, page 21.

VICTORIEN SARDOU.

I

LA FIAMMINA

ACTE QUATRIÈME

SCÈNE VI

SYLVAIN, DANIEL, FIAMMINA

SYLVAIN

La Fiammina !

FIAMMINA, *tout éperdue.*

Monsieur, où est votre fils ? veillez sur lui, il va se battre.

DANIEL

Comment, madame, vous savez...

FIAMMINA

Il y a deux jours, au Théâtre-Italien, il a adressé une provocation...

DANIEL

Il y a deux jours? Et c'est le danger que vous redoutez?

FIAMMINA

Oui, je viens de l'apprendre et j'accours.

SYLVAIN, *bas à Daniel.*

Elle ne sait rien.

DANIEL

Ah! grâce au ciel, ce danger n'est plus à craindre, madame.

FIAMMINA

Il ne se battra pas, vous en êtes sûr?

DANIEL

Oui, cette affaire est terminée.

SYLVAIN

Mais...

DANIEL, *l'interrompant à demi-voix.*

Tais-toi! rejoins Henri; il n'aura peut-être pas rencontré lord Dudley. Dis-lui mes angoisses, dis-lui que je l'attends, va, va.

SYLVAIN

Oui, comptez sur moi. (*Il sort.*)

SCÈNE VII

DANIEL, FIAMMINA

FIAMMINA

Monsieur, vous redoutez un malheur... vous avez
parlé bas, là, tous deux. Par grâce, dites-moi tout.
Songez que c'est mon fils, et s'il faut ma vie pour le
sauver...

DANIEL

Rassurez-vous, madame ; ma protection lui suffira
comme par le passé, je l'espère.

FIAMMINA

Ah oui ! j'oubliais... J'ai perdu le droit de mêler ma
vie à la vôtre, même pour protéger notre enfant.

DANIEL

Vous interprétez mal mes paroles, madame ; mais
n'ai-je pas le droit de m'étonner que vous veniez
ainsi?...

FIAMMINA

Pardonnez-moi, monsieur ! la crainte d'un malheur
m'a seule ramenée près de vous. Mais laissez-moi vous

dire que je vous bénis pour ce que vous avez fait de notre enfant ; laissez-moi vous dire que vous êtes bien vengé du mal que je vous ai fait.

DANIEL

Ne rappelons pas le passé, madame.

FIAMMINA

Oh ! je ne veux pas me justifier, je ne le pourrais pas. J'ai fait votre malheur ; mais vous, ne m'avez-vous pas repoussée, quand je voulais revenir ?

DANIEL

Madame !...

FIAMMINA

Je ne vous accuse pas ; mais j'ai bien souffert, allez ! Je n'avais pas vingt ans, et pendant quatre années je me suis débattue seule, exposée par la vie de théâtre aux séductions, aux calomnies, aux insultes, et vint le jour où il me fallut un appui ; je fus perdue pour vous, et vous eussiez pu me sauver !

DANIEL

Madame, quand une femme a quitté son mari, qu'elle a vécu loin de lui, son honneur n'est plus sauf. Tout bonheur est détruit dans l'avenir. Le doute a tué toute affection, toute confiance, je ne pouvais plus pardonner ; il était trop tard.

FIAMMINA

L'épouse ne peut vous reprocher votre sévérité, je

Je sais, mais la mère... la mère avait au moins le droit
de voir son enfant.

DANIEL

Écoutez-moi, madame. Le jour où vous avez voulu
vous séparer de moi, j'y ai consenti, à condition que je
garderais mon fils. Cette condition vous l'avez acceptée.
Vous aviez le droit de le voir, oui ; mais quand je vous
revis, n'aviez-vous pas perdu ce droit ?

FIAMMINA

Monsieur...

DANIEL

Vous aviez choisi un autre appui, une autre famille
à laquelle vous ne pouviez mêler mon fils. Il ne devait
pas connaître cette position, par respect pour vous-
même.

FIAMMINA

Ah ! vous m'accablez sous le poids d'une implacable
raison ; mais les battements de mon cœur protestent.
Oui, j'ai été folle, j'ai été mauvaise mère, j'avais oublié
mon enfant ; mais depuis que je l'ai vu, je sens que je
ne puis plus vivre sans son pardon.

DANIEL

Madame...

FIAMMINA

Quels que soient mes torts envers vous, vous n'avez
pas le droit de me séparer de lui. Je veux voir mon fils,
je le veux !

DANIEL, *passant à droite.*

Je ne vous empêche pas de le voir, madame. Adressez-vous à lui, il est libre de ses affections.

FIAMMINA, *amèrement.*

Oui, mais n'a-t-il pas appris à me maudire?

DANIEL

Non, madame; j'ai voulu qu'il gardât pur le souvenir de sa mère. Il la croyait morte, puisqu'il ne l'avait jamais vue. Je l'ai laissé dans cette erreur, n'osant lui dire qu'il en était abandonné.

FIAMMINA

Il ignore encore...

DANIEL

Depuis deux jours il sait tout, et vous pouvez réclamer de lui la tendresse qu'il vous doit.

FIAMMINA

Depuis deux jours il sait que je suis sa mère?

DANIEL

Oui, madame.

FIAMMINA, *douloureusement.*

Alors, je suis perdue, il me repousse. Ainsi, hier, il savait... et tout à l'heure encore, quand je l'interrogeais...

DANIEL, *avec anxiété.*

Vous l'avez vu aujourd'hui ? où?

FIAMMINA

Chez moi.

DANIEL, *de même.*

Chez vous ! A-t-il vu lord Dudley?

FIAMMINA

Oui; mais d'où vient votre émotion?...

DANIEL

Avez-vous assisté à leur entretien ?

FIAMMINA

Non.

DANIEL

Oh ! mon Dieu, mon Dieu !

FIAMMINA

Vous m'effrayez ; que craignez-vous ?... quel était donc le motif de cette entrevue?

DANIEL

Ah ! souhaitez de ne jamais le connaître, madame!

FIAMMINA, *épouvantée.*

Ah! je n'ose plus vous interroger, j'ai peur de ce que j'entrevois. Daniel, ne me laissez pas devenir folle, répondez : mon fils veut se battre?...

9

DANIEL

Avec lord Dudley, madame.

FIAMMINA

Oh ! ne me dites pas cela ; c'est impossible !

DANIEL

Pourquoi vous étonner ? N'avez-vous pas dû prévoir, en quittant votre famille, qu'un jour viendrait où votre fils regarderait dans votre vie ?

FIAMMINA

Mais cette pensée est horrible !

DANIEL

Vous avez brisé des liens qui vous gênaient pour vivre à votre fantaisie. Mais à quoi servirait la vertu, si le mépris des devoirs ne traînait après soi le trouble et le malheur ?

FIAMMINA

Monsieur !...

DANIEL

Quelle serait donc la récompense des mères qui se dévouent, si celles qui abandonnent leurs enfants recueillaient au retour l'estime et l'amour ?

FIAMMINA

Monsieur, ayez pitié de moi !... ces reproches me tuent.

DANIEL

Encore une fois, je ne vous reproche rien, madame;
en reprenant votre liberté, vous deveniez maîtresse de
votre vie. Vous voulez voir votre fils... eh bien! voyez-
le, puisque, dites-vous, c'est votre droit... et ne trem-
blez pas pour ses jours, je suis là!

FIAMMINA

Vous battre?... Ni vous ni lui! Je vous rendrai votre
enfant. (*Apercevant Henri.*) Ah! lui!...

SCÈNE VIII

FIAMMINA, HENRI DANIEL

(*Daniel se précipite vers Henri, qu'il prend dans
ses bras; Fiammina fait aussi un mouvement
vers lui; puis elle s'arréte, n'osant pas, et recule
avec abattement.*)

DANIEL, *embrassant Henri.*

Mon enfant!...

HENRI

Qu'as-tu, père? tu es ému!

DANIEL

Voici ta mère, mon enfant.

HENRI, *saluant avec embarras.*

Madame...

FIAMMINA

Je n'ose plus lever les yeux sur vous, monsieur; car
vous m'avez reniée en me disant que vous n'aviez plus
de mère, sachant qui je suis.

HENRI

Vous trouverez dans mon cœur le respect que je vous
dois, madame. Hélas ! je ne suis pas encore habitué
près de vous à mon rôle de fils, et je serais peut-être
ingrat si j'oubliais à votre seule vue la tendresse de
celui qui vous a remplacée.

FIAMMINA

Oui, aimez-le, chérissez-le. Ah ! je le vois, il m'a bien
remplacée, et votre cœur le récompense en me repous-
sant.

HENRI

Que dites-vous?... Madame. pardonnez à mon émotion ; ne m'accusez pas. J'ai vingt ans, et hier je ne
connaissais pas ma mère. Je vois pour la première fois
réunis ceux qu'un enfant ne sépare jamais dans son
cœur. Vous avez tous deux les yeux pleins de larmes
en me regardant, et je me demande pourquoi ma mère
est étrangère au foyer paternel, pourquoi elle a vécu
loin de moi.

DANIEL

Nous devons répondre à cette question, madame, elle
devait nous être faite un jour.

FIAMMINA

Monsieur, que demandez-vous?

DANIEL

Je ne veux pas qu'un doute effleure son esprit; je lui devais une mère, et il a vécu orphelin; il a le droit de nous demander compte de notre vie, de la position qui lui est faite. Il interroge; répondez.

FIAMMINA

Monsieur, au nom du ciel!...

HENRI

Mon père, tais-toi..,

DANIEL

Le doute est entré dans ton âme, mon fils. Je t'ai enseigné la sainteté de la famille, on lui doit tout sacrifier, c'est le drapeau du foyer, autour duquel on meurt s'il le faut. Je ne veux pas déchoir à tes yeux. Tu dois tout savoir; tu es notre juge.

HENRI, *voyant la confusion de Fiammina.*

Père, oh! je ne veux plus rien savoir... tais-toi, tais-toi!

FIAMMINA

Je suis condamnée, je le vois.

HENRI

Pardonnez-moi, madame, mais on a voulu me faire douter de lui.

FIAMMINA

Mon fils, écoutez-moi ; mon châtiment est dans cet élan de votre cœur vers celui qui est sans reproches. Oui, j'en fais l'aveu, seule je suis coupable, j'ai sacrifié à des rêves insensés le devoir sacré de veiller sur votre enfance ; mais je paye chèrement l'erreur de ma vie par ce moment où, rougissant devant vous, j'implore mon pardon à vos pieds et vous demande pitié. (*Elle s'agenouille.*)

HENRI

Madame, que faites-vous ?

FIAMMINA

Ma place est là, puisqu'elle n'est pas sur votre cœur.

HENRI *lui tend les mains pour la relever, Fiammina les prend et les baise avec ardeur en pleurant.*

Par grâce, relevez-vous.

UN DOMESTIQUE

Lord Dudley fait demander à monsieur un moment d'entretien.

FIAMMINA

Lui ! ici !

DANIEL

Lord Dudley ? faites entrer.

FIAMMINA, *allant à Daniel.*

Ah ! monsieur !... que faites-vous ?

DANIEL

Madame...

FIAMMINA

Vous voulez...

DANIEL

Nous sommes dans une situation dont il nous faut
sortir, madame.

SCÈNE IX

HENRI, DANIEL, DUDLEY, FIAMMINA

DUDLEY, *entrant, apercevant Fiammina.*

Fiammina !

DANIEL

Entrez, milord.

DUDLEY

Je croyais vous trouver seul, monsieur.

DANIEL

Parlez librement, milord ; ce que nous avons à nous
dire ne doit plus être un mystère pour eux.

DUDLEY

Quand je me présentai il y a deux jours, monsieur,

j'ignorais tout; aujourd'hui, je reviens m'adresser à vous pour prévenir un malheur qui nous frapperait tous.

DANIEL

Je vous en remercie, milord, et si vous n'étiez pas venu je fusse allé vous trouver.

DUDLEY

Ah ! vous savez, je le vois, monsieur, que je suis ramené près de vous par une question de vie ou de mort.

HENRI

Milord...

DANIEL

Tais-toi, mon enfant.

DUDLEY

Nous avons tous deux assez l'expérience de la vie, monsieur, pour savoir que nous subissons une fatalité, un oubli des lois peut-être, et je viens vous dire que je ne veux pas m'exposer à tuer votre fils, et que je ne répondrai pas à de nouvelles agressions venant de lui. Si je vous ai offensé, je l'ignorais... mais enfin, me voici.

FIAMMINA, *à part.*

Mon Dieu !

DANIEL

Mon fils s'est laissé égarer par son cœur, milord.

Nous n'avons personne à défendre et nulle offense à venger.

FIAMMINA, *à part.*

Ils me renient !

SCÈNE X

DANIEL, HENRI, SYLVAIN, DUDLEY, FIAMMINA

SYLVAIN, *au dehors.*

Il est ici !... (*Entrant.*) Lord Dudley !... Henri! ah ! te voilà... Eh bien ?

DANIÉL

Tout est fini.

SYLVAIN

Ah! grâce au ciel !... Mais maintenant, c'est pour ma sœur que je tremble.

HENRI

Comment ?

SYLVAIN

Elle s'est évanouie en apprenant qu'on vous sépare; ma mère pleure, mon père jure et tempête d'être forcé de rompre un mariage qui faisait notre bonheur à tous, et cela à cause de... (*Il aperçoit derrière le chevalet Fiammina qui se lève.*)

9.

FIAMMINA

Que dites-vous, monsieur ?

SYLVAIN, *confus.*

Madame...

FIAMMINA

Par grâce, achevez. Ce mariage est rompu à cause de
moi ?... Suis-je assez accablée !... Ainsi, mon fils est
ma victime ; ma vie est une tache sur sa vie ! Mon
pauvre enfant ! (*Elle se précipite sur la main de
Henri.*)

HENRI

Madame...

FIAMMINA

Oh ! laisse-moi ta main, que je presse pour la première fois dans les miennes. Tu seras heureux, mon
enfant, j'ose t'appeler ainsi maintenant, car je puis
être mère enfin par le sacrifice.

HENRI

Quoi !...

FIAMMINA, *à Sylvain.*

Monsieur, allez dire à votre père qu'il peut consentir
à ce mariage : mon fils n'a plus de mère.

HENRI

Que dites-vous ?

DANIEL

Comment ?

FIAMMINA

Oh ! ne craignez rien, je ne jetterai pas un voile de deuil sur votre joie. Où serait le sacrifice si je mourais ? où serait l'expiation ? Je suis dans le monde un obstacle à son bonheur, je rentre dans la solitude : je serai morte pour tous.

DUDLEY

Madame...

FIAMMINA

Je ne puis hésiter entre mon fils et vous, milord. Nous nous voyons en ce moment pour la dernière fois.

DUDLEY

Comment !

FIAMMINA

Conseilleriez-vous à la mère d'agir autrement ?

DUDLEY

Non, madame.

FIAMMINA

Ce soir j'aurai quitté Paris, le théâtre. Dites-leur, milord, que vous ne chercherez pas à me revoir.

DUDLEY

Je vous le jure. Il est des sentiments devant lesquels

on s'incline; on les respecte, dût le cœur s'y briser !
Adieu, madame, adieu. (*A Henry*.) Si vous, vous avez
souffert par moi, monsieur, ah ! vous êtes bien vengé.
(*Il sort.*)

SCENE XI

SYLVAIN, DANIEL, HENRI, FIAMMINA

FIAMMINA, *avec une résignation douloureuse.*

Je ne puis plus rien pour votre bonheur, et maintenant je quitte cette maison où, comme vous l'avez dit,
je suis une étrangère.

HENRI, *se rapprochant.*

Madame...

FIAMMINA

Vous connaîtrez le lieu de ma retraite, et plus tard,
quand j'aurai assez expié, quand vous me jugerez digne
de vous, peut-être viendrez-vous me voir, et peut-être
alors m'appellerez-vous : ma mère. (*Elle remonte.*)

HENRI, *avec élan.*

Ah ! mon cœur n'y résiste plus. Ma mère !

FIAMMINA, *comme éblouie de son bonheur.*

Ah !

HENRI

Mais je suis ton fils !

FIAMMINA, *se précipitant dans les bras de son fils.*

Mon enfant... Ah ! Dieu m'a pardonné... Tu m'as prise en pitié ; ne pleure pas, je suis heureuse. Je perds tout, je te perds, toi ; mais j'emporte un trésor dans mon cœur, tu m'as appelée ta mère. Va, va vers celle qui t'aime. Ah ! je te bénis !

DANIEL

Madame, bientôt je vous enverrai votre fils.

FIAMMINA, *allant à Daniel.*

Ah ! soyez aussi béni pour cette bonne parole, Daniel. Adieu, adieu ! (*Elle leur donne la main à tous, cherchant à retenir ses larmes.*)

HENRI

Ah !

FIAMMINA, *avec regret.*

Vivez heureux d'un bonheur que je ne puis partager. (*Accablée*). Je reste toute seule.

HENRI

Ma mère !

FIAMMINA

Ah ! ce mot me console de tout. Ne me plains pas. Adieu ! (*Elle sort lentement ; arrivée à la porte, elle se retourne, et sans pouvoir parler, elle fait un geste d'adieu avec un sourire navrant.*)

HENRI

Quel châtiment!...

DANIEL

Console-toi, mon enfant : je ne puis revoir ta mère, moi ; mais tu lui diras que j'ai tout pardonné depuis que nous sommes deux à t'aimer.

SYLVAIN

Deux ? mais nous sommes quatre... ma sœur.

FIN.

ODETTE

ACTE TROISIÈME

SCÈNE V

LE COMTE, ODETTE

ODETTE, *sans voir le comte.*

Ah ! se débattre et se noyer dans cette boue !... Mais qui donc m'en sortira ?...

LE COMTE, *se montrant.*

Moi... si vous voulez.

ODETTE, *saisie à sa vue.*

Vous?... (*Silence d'une seconde. — Le comte descend jusqu'à elle.*)

LE COMTE

Je venais en toute hâte, résolu à vous parler même ici... Ce scandale trop facile à prévoir me presse encore plus. J'étoufferai l'affaire si vous m'y aidez... non pas demain... ce soir, tout de suite !

ODETTE

Comment ?

LE COMTE

En trois mots vous êtes ruinée, perdue de dettes, décriée partout et ceci vous achève. Je paie vos dettes, je double votre pension et je vous fais une vie paisible, tranquille, avouable. Mais à une condition formelle...

ODETTE

Qui est ?...

LE COMTE

Vous partez demain à la première heure. Non pour Paris, où vous vous obligez, au contraire, à ne jamais paraître, mais pour Naples, Rome... où il vous plaira, hors de France ; de plus, dès ce moment vous cessez de porter mon nom ; vous prenez le vôtre ou le premier venu, peu m'importe ; pourvu que vous ne soyez plus la comtesse de Clermont.

ODETTE

Ah !... ceci est une condition ?...

LE COMTE

Absolue...

ODETTE

Alors, vous avez raison, l'entretien sera bref. — Je refuse.

LE COMTE

Vous refusez ?

ODETTE

Oh ! tout net! Paris, la France !... (*Elle complète sa pensée du geste.*) Mais quant au nom que je porte et qui est bien à moi, j'y tiens beaucoup et je ne le quitterai certes pas pour un nom de fantaisie, qui ne ferait de moi qu'une aventurière !...

LE COMTE

Que vous êtes, en somme !...

ODETTE

Vous vous trompez... Il y a demain bal à Villefranche sur le *Trenton* américain. Voici mon invitation, au nom de la comtesse de Clermont-Latour. Si je m'appelais Madame de n'importe qui, je ne l'aurais pas. La nuance est considérable et vaut mieux que l'argent que vous m'offrez...

LE COMTE

Si c'est une question de chiffre...

ODETTE

Ce n'est pas une question de chiffre. Je n'ai pas dit *plus*; j'ai dit *mieux!* Du monde auquel j'appartiens...

de ce que j'étais... de tout ce que j'ai perdu, c'est la seule chose qui me reste. Elle n'est pas à vendre : je la garde.

LE COMTE

Précieux avantage, n'est-ce pas, pour une femme perdue d'honneur ?

ODETTE

Oh ! tout ce qu'il vous plaira... Mais toujours comtesse de Clermont.

LE COMTE

Allons donc ! Vous n'êtes plus la comtesse de Clermont, vous n'êtes plus que « la Clermont », chez qui l'on joue et chez qui l'on vole !

ODETTE

Qu'est-ce que cela vous fait ?...

LE COMTE

Que mon nom serve d'enseigne à ce tripot ?...

ODETTE

Scrupule tardif, vous en conviendrez. Voilà quinze ans que je le porte, ce nom.

LE COMTE

Que vous le traînez...

ODETTE, *s'asseyant.*

Raison de plus ! Depuis le temps, vous avez dû en

prendre votre parti. Quel souci vous vient subitement
de lui rendre tout son lustre?

LE COMTE

Je viens de vous le dire !

ODETTE

Allons, il y a autre chose, avouez-le... avouez donc!

LE COMTE

Eh bien, oui, il y a autre chose. Je n'aurais pas voulu
qu'il fût question de cela entre nous ; mais vous m'y
forcez. Disons tout. (*Il prend une chaise et s'assied.*)
Ceci, du moins, vous le comprendrez, j'espère. — Bérangère est en âge d'être mariée. Un homme l'aime, qu'elle
aime aussi. Mais il y a un obstacle. — Vous ! — La
famille ne vous accepte pas. Elle exige que vous viviez
à l'étranger, sous un nom autre que le mien. Son consentement est à ce prix. — Dites : *oui*, Bérangère se
marie. Dites : *non*, elle ne se marie pas. — Il ne s'agit
donc pas de moi. Il s'agit de ma fille... de la vôtre...

ODETTE, *tranquillement.*

J'ai donc une fille? (*Le comte la regarde sans répondre.*) Dame ! vous le dites? Qu'est-ce que j'en sais,
moi! Où est-elle? Je ne la connais pas! (*Le comte
hausse les épaules sans répondre.*) Enfin, j'ai une
fille, admettons-le. Et elle va se marier, soit ! — Deux
questions seulement. Le jour où elle se mariera, est-ce
moi qui la conduirai à l'autel? (*Silence.*) Non. — Et
quand elle sera mariée... me sera-t-il permis de faire
au moins sa connaissance? (*Silence.*) Non plus... Eh

bien alors, ce mariage dont je ne suis ni avant ni après, qu'est-ce qu'il me fait à moi?

LE COMTE

Ah! vous en êtes là... Mauvaise mère aussi?

ODETTE

Je ne suis pas une mauvaise mère. Je ne suis pas une mère : et c'est vous qui m'avez défendu de l'être.

LE COMTE

Moi?

ODETTE

Et qui donc m'a, la nuit, dérobé cette enfant; et se l'est fait plus tard adjuger par le tribunal?

LE COMTE

Fallait-il aussi la confier aux soins de votre amant?... Vous ai-je défendu de la voir?

ODETTE, *se récriant.*

Ah! chez une autre!... Deux fois par semaine, en visite!... Et pour la confier aux soins d'une bonne, n'est-ce pas, et lui apprendre à me mépriser, à me haïr?

LE COMTE

Non. — Elle vous croit morte !

ODETTE

Ah! — Eh bien, si je suis morte pour elle, elle est morte pour moi. Voilà tout.

LE COMTE, *debout.*

Ainsi, vous n'avez même pas la vertu du repentir, pas même celle-là. Je vous apporte le seul moyen de racheter un peu le mal que vous avez fait et de mériter quelque pardon... Il s'agit d'une concession, si frivole qu'elle en mérite à peine le nom. Et c'est votre vanité féroce qui me répond. Vous ne pourriez plus écrire sur votre carte : « Comtesse de Clermont-Latour.» Ah ! jugez donc !... Quel abandon que celui-là !... Quel sacrifice !... Quel dévouement maternel !

ODETTE

Des mots !...Vous n'allez pas me parler aussi de la voix du sang... n'est-ce pas? Un enfant n'est pas seulement à nous parce qu'il est né de nos entrailles; mais parce que nous avons vécu toutes les heures de sa vie, veillé ses jours et ses nuits, tremblé ses fièvres, pleuré ses pleurs et ri de toutes ses joies! C'est la maternité, celle-là, la vraie, la bonne!... (*elle se lève*) Et vous me l'avez volée ! — Me la rendez-vous ? — Alors causons. J'accepte tous les devoirs, si j'ai tous les droits. Enfin je suis mère tout à fait ou pas du tout. Vous plaît-il que ce soit tout à fait?... Non !... Alors pas du tout!...—Nous avons tout dit : bonsoir!

LE COMTE, *debout.*

Ah! comme j'aurais dû vous tuer!

ODETTE

L'épouse, peut-être !... La mère !... Vous n'en aviez pas le droit. Vous l'avez fait pourtant ; et c'est une infamie ! — C'est mon tour. Je me venge!

LE COMTE

Sur ta fille ! Et tu perdras toute sa vie, misérable femme, comme tu as perdu toute la mienne.

ODETTE

Ah ! si vous insultez !... (*Elle s'assied à gauche, lui tournant le dos.*)

LE COMTE

Non ! j'ai tort ! je m'emporte... Je ne suis pas ici pour cela ! J'ai tort... Voyons ! Ecoutez-moi, tâchons d'être calmes, de nous oublier vous et moi. Car enfin il ne s'agit ni de vous ni de moi. Il s'agit d'elle, d'elle seule. Eh bien, parlons d'elle, voulez-vous ?... Parlons d'elle seule, je vous en prie... (*Tout en parlant il s'est assis près d'elle, rapprochant sa chaise.*)

ODETTE, *se retournant vers lui, à demi.*

L'aimes-tu assez ?... Et doit-elle assez t'adorer, voleur d'enfant ?...

LE COMTE

Eh bien, j'ai abusé de mon droit, j'ai été cruel, égoïste, implacable, c'est possible !... Mais elle est innocente de tout cela ! Elle n'a rien à y voir ! Et c'est elle qui payerait pour moi ? Mais voyons, c'est odieux ! — Pensez-y donc ! — que la première douleur de sa vie lui vienne de qui ?... De sa mère !

ODETTE

Grâce à qui ?... A son père !

LE COMTE

Mais, au nom du ciel ! ne parlons donc ni de vous, ni
de moi !...Ni du passé qui n'est plus, ni de vos fautes, ni
des miennes !—Parlons d'elle !... Un cri du cœur enfin,
quelque chose d'humain, un peu de ce que la brute
elle-même a pour son petit !... Elle est ta fille, ta fille, ta
fille !... Tu ne peux pourtant pas désavouer cela, l'effacer, l'arracher de ta vie et faire que cette enfant ne soit
née un jour de mon amour et du tien ? C'est ta chair enfin
que je défends contre toi. Haïssons-nous, insultons-
nous, déchirons-nous, si tu veux, mais grâce pour l'enfant !

ODETTE

Mais, malheureux, plus tu pries pour elle, plus tu plai-
des contre toi ! Mais vois donc ce que tu fais ; mais c'est
stupide ! Tu ne remues dans mon cœur la cendre mal
éteinte des tendresses maternelles d'autrefois, et tu ne
me parles d'aimer cette enfant, que pour l'arracher encore de mes bras !—Tu me vois désolée, écœurée, ayant
usé de tout, et trouvant tout menteur, décevant, amer
et faux ! Un seul espoir me reste : la maternité que
j'ignore !... Tu en étales devant moi toutes les ardeurs !
Et tu ne veux pas que j'en sois jalouse, et que je te
crie : mais si c'est le salut, je m'y cramponne !... Et puisque c'est bon à ce point-là... j'en veux ma part ! (*En
parlant elle s'est levée et a passé à droite.*)

LE COMTE

Votre part ? (*Il se lève.*)

ODETTE

Oui, je la veux ! Tu m'as fait tes conditions, voici les miennes !... Je pars... où tu voudras ! — Mais, avant de partir, je veux la voir !

LE COMTE

Bérangère !

ODETTE

Ma fille !

LE COMTE

Et lui dire qui vous êtes ?

ODETTE

Non !

LE COMTE

Alors qui serez-vous pour elle ?

ODETTE

Une amie de vous... de sa mère; peu importe !... Pourvu que je la voie !

LE COMTE

Et vous espérez de cet entretien ?...

ODETTE

J'espère la voir !.. Voilà tout ! — Cela vous étonne, qu'après quinze ans, je veuille connaître la couleur de ses yeux et le son de sa voix ?

LE COMTE

Non !... mais une telle entrevue ?...

ODETTE

Vous refusez ?...

LE COMTE

Allons, c'est impossible.

ODETTE

Parce que ?...

LE COMTE

Parce que !...

ODETTE

C'est monstrueux, vous savez, ce que vous faites-là !
Il n'y a pas de morale au monde qui vous autorise à
m'interdire la vue de mon enfant.

LE COMTE

Il y a celle pourtant qui me défend de perdre, en une
telle épreuve, quinze ans d'efforts pour lui cacher vos
hontes...

ODETTE

.Enfin, est-ce oui ou non ?...

LE COMTE

Non ! (*Il remonte pour aller prendre son chapeau.*)

ODETTE

Alors, c'est différent. — Je ne demande plus !...

10

J'exige ! — Je vous somme de me laisser voir ma fille, entendez-vous. Et prenez bien garde d'y consentir, et tout de suite : ou je vous y force.

LE COMTE

Comment ?

ODETTE

Je lui écris, et je signe : « Ta mère ! »

LE COMTE, *reposant son chapeau sur la table.*

Vous ferez cela ?

ODETTE

Ah ! si je le ferai !... Eh bien ! essayez !... Vous verrez si je le ferai !

LE COMTE, *descendant vers elle.*

Malheureuse !...

ODETTE

Ah ! vous avez fait appel à la mère, monsieur. Eh bien, la voilà, la mère ! Ce n'est pas ma faute si elle vous gêne !

LE COMTE

Mais si vous faisiez cela !... je vous...

ODETTE

Oh ! ce serait fait tout de même !

LE COMTE, *résolu et calme.*

Oui... Et puisque vous m'y forcez !... J'ai contre vous mieux et plus sûr : — J'accepte ! (*Il remonte et reprend son chapeau pour sortir.*)

ODÉTTE

Enfin !

LE COMTE

Vous verrez Bérangère demain, moi présent ! —
Philippe vous fera savoir l'heure et le lieu !...

ODETTE

Bien !

LE COMTE, *Il redescend tout près d'elle.*

Mais ce que vous espérez de cette entrevue, je le sais ;
Je vais vous le dire ! — Vous pensez : « Que je sois seulement en présence de cette enfant, je trouverai bien le
moyen de l'appeler : « Ma fille ! » Eperdue, elle tom-
bera dans mes bras. On pleurera. L'émotion noiera les
aveux, et les larmes laveront le reste ! D'un seul coup,
j'aurai reconquis ma fille, et qui sait, peut-être avec
elle, mon mari et mon rang dans le monde !... Avouez
que c'est là votre espoir !... Avouez-le !

ODETTE

Serait-il si coupable ?

LE COMTE, *froidement.*

Non ! — mais il est fou !

ODETTE, *les yeux dans ses yeux.*

Vous me défendez d'essayer ?...

LE COMTE, *de même.*

Je ne vous le défends pas ! — Je vous en défie !

ODETTE, *de même.*

Eh bien, nous verrons !

LE COMTE

Eh bien, nous verrons !

ODETTE

A demain alors ?

LE COMTE

A demain !...

ACTE QUATRIÈME

SCÈNE V

LE COMTE, BÉRANGÈRE, ODETTE

(Philippe, venu de la droite paraît sur le seuil, avec la comtesse, à qui il donne le bras, puis disparaît dans le jardin.)

LE COMTE, *après être allé recevoir Odette sur le seuil, lui désigne le canapé, pour éviter de lui tendre la main, et se tourne vers sa fille *.*

Mon enfant !... voici la personne... l'amie dont je t'ai parlé... et qui souhaitait de te revoir.

BÉRANGÈRE **

Ah ! madame...

* Bérangère, le comte, Odette.
** Le comte, Bérangère, Odette.

10.

ODETTE, *émue, au premier son de la voix de Bérangère, la regarde avec bonheur sans pouvoir répondre. Silence d'une seconde. Bérangère, éton-
née, regarde son père, qui lui fait signe de ne pas
prendre garde. Odette se remet un peu et avec
effort pour sourire.*

Je vous demande pardon, mademoiselle. Le son de
votre voix me rappelle tant de souvenirs... Je vous ai
connue bien jeune... (*Elle la regarde.*) Et vous voilà si
grande personne !... si jolie... oh ! très jolie !... La dernière fois, il y a quinze ans... je vous vois encore avec
vos petites jambes nues, et vos grands cheveux blonds
flottant sur le cou... Oui, voilà bien vos grands yeux...
votre regard un peu étonné... souriant ! Je vous retrouve tout à fait !... (*Elle s'assied sur le canapé.*)
Tout à fait !... Et moi, me reconnaissez-vous ?

BÉRANGÈRE

Non, madame.

ODETTE

Vous étiez si petite...

BÉRANGÈRE, *s'asseyant sur le pouf, près d'elle.*

Papa m'a dit, madame, que vous étiez une amie de
maman.

(*Le comte, debout, écoute, anxieux.*)

ODETTE

Dès l'enfance !

BÉRANGÈRE

Que je vous envie ! — Vous l'avez connue mariée aussi ?

ODETTE

Mariée, oui.

BÉRANGÈRE

Est-ce que vous étiez là, quand elle est morte ?

ODETTE

Non, mon enfant !

BÉRANGÈRE

Vous savez comment nous l'avons perdue ?

ODETTE

Je le sais mal ! — J'ai beaucoup voyagé !... J'étais si loin.

BÉRANGÈRE

C'est dans une promenade sur mer, à Deauville ! Elle était seule avec un batelier, dans un canot; elle s'est penchée, sans doute pour rattraper son voile qu'on a vu flottant sur l'eau. Elle a disparu et on ne l'a pas retrouvée.

ODETTE

En sorte, ma pauvre enfant, que vous n'avez pas la triste joie de savoir où elle repose ?

BÉRANGÈRE

Hélas ! non... A ma prière, papa lui a fait [faire à Brétigny... Vous connaissez Brétigny, madame ?

ODETTE

Un peu, oui !

BÉRANGÈRE

Dans le fond du parc, là où sont les grands platanes, papa lui a fait élever un tombeau... Ce n'est qu'un souvenir, mais j'y ai prié tant de fois que je me figure qu'elle est là... J'y porte mes couronnes, mes fleurs...

ODETTE

Et vous ne vous rappelez pas du tout ses traits ?

BÉRANGÈRE

Oh ! pas du tout. Et je m'en veux bien de cela. Tous les efforts de mémoire que j'ai faits !... non !... Je ne me rappelle rien !... Elle était belle, n'est-ce pas ?

ODETTE

On la trouvait belle, oui... Mais vous avez bien quelque portrait d'elle ?

BÉRANGÈRE

Mais non, madame : le plus triste, c'est je n'ai pas de portrait pour fixer mes souvenirs.

ODETTE

Est-ce possible ?

BÉRANGÈRE

Il y en avait un très beau dans sa chambre...

ODETTE

Oui !

BÉRANGÈRE

Vous l'avez vu ?... Un grand portrait en pied. Papa dit qu'il était très ressemblant. Une malheureuse femme de chambre a mis le feu à la tenture, et le portrait a été brûlé.

ODETTE

Ah ! je comprends !... Il a été détruit !

BÉRANGÈRE

Je n'ai plus que des photographies, et si pâles, si effacées, qu'on ne distingue presque rien... et une petite miniature... Oh ! celle-là, par exemple, bien jolie ; mais quand maman était toute jeune encore. Elle avait treize ans !

ODETTE

Oui, je me rappelle...

BÉRANGÈRE, *debout.*

Voulez-vous la voir ? Je l'ai chez moi, je vais vous la montrer.

(*Elle sort pour aller dans la chambre. Silence pendant son absence. — Le comte debout, Odette assise sans se regarder. — Bérangère reparaît un mo-*

*ment après, avec un petit coffret qu'elle pose sur
la table. Ouvrant le coffret)* * Ce sont mes petites
reliques. Tout cela était à elle. Voilà un petit bonnet
qu'elle m'avait brodé, et le crochet qu'elle commençait,
quand elle est morte... Puis différents objets qui lui ont
appartenu : une petite broche, un carnet de bal... et la
miniature... *(Elle sort un médaillon.)* Je l'ai regardée
bien souvent... *(Elle tend la miniature à Odette par-
dessus le canapé.)* Vous qui avez connu maman toute
jeune, trouvez-vous que cela lui ressemble? *(Elle se
penche pour le lui montrer et sa joue frôle presque
celle d'Odette.)*

ODETTE, *troublée.*

Beaucoup !...

BÉRANGÈRE

Ah! tant mieux... Personne jusqu'ici n'a pu me le
dire que vous... *(Se penchant encore plus et regardant
le médaillon, sans remarquer le trouble d'Odette.)*
C'est joli, n'est-ce pas?

ODETTE, *luttant contre son émotion. Mouvement du
comte qui la voit prête à s'oublier. Elle éloigne sa
figure de celle de Bérangère.*

Très joli!... Oui!... très joli!...
*(Le comte, rassuré pour le moment, s'assied sur le
canapé.)*

BÉRANGÈRE

Comme elle a l'air bon et doux!... Ce qu'elle était
réellement.

* Le comte, Bérangère, Odette.

ODETTE

On vous l'a dit?

BÉRANGÈRE, *se redressant.*

Papa.

ODETTE

Ah!... il vous parle quelquefois?

BÉRANGÈRE

De maman... oh! constamment!
(*Elle passe derrière la table, allant à son père.*)
Je lui demande ce qu'elle aimait, comment elle
s'habillait, ses préférences, ses goûts. Elle était très
bonne musicienne. Je lui joue les airs qu'elle affec-
tionnait. Celui-ci, tenez, de Haydn... (*Elle ouvre le
piano et joue debout.*)... C'est celui que maman jouait
dans le salon de ma grand'mère, quand papa est venu
demander sa main.

ODETTE, *à mi-voix.*

C'est vrai.

BÉRANGÈRE, *venant à son père,* * *la main sur son
épaule.*

Papa a voulu qu'on le jouât à l'église le jour de son
mariage.

ODETTE

Oui.

* Bérangère, le comte, Odette.

BÉRANGERE

Vous y étiez, n'est-ce pas?

ODETTE

J'y étais, oui !

BÉRANGÈRE, *remontant au-dessus du canapé et montrant le vase qui est sur le piano.*

Je mets dans les vases les fleurs qu'elle préférait ! Celles-ci, par exemple; les lilas blancs ! *

ODETTE

En effet !

BÉRANGÈRE

Je voudrais tant la rappeler à papa ! Il prétend que je ne lui ressemble pas de figure.... (*Elle va s'asseoir près de lui.*) Au moins, je voudrais lui ressembler autrement. Elle était si aimante, si dévouée, si tendre... (*Appuyant sa joue contre celle du comte.*) Ah ! si vous l'entendiez parler d'elle ! Je la connais bien, grâce à lui ! C'est une religion à nous deux, maman... (*Le comte, sans répondre prend sa main et la porte à ses lèvres, puis se dégage, se lève et remonte sans rien dire. Bérangère se lève aussi, le suit des yeux. Puis, appuyée sur la table, penchée vers Odette et baissant la voix.*) Cela lui fait de la peine. Il ne s'est jamais bien consolé. Il l'aimait tant... et elle !...(*Émue*) elle devait tant l'aimer !

• Le comte, Bérangère, Odette.

ODETTE, *troublée, pour éviter de répondre, montrant le médaillon qui est resté dans sa main.*

Vous savez que ce médaillon s'ouvre?

(*Le comte inquiet, se retourne.*)

BÉRANGÈRE

Non! (*Elle va à Odette.*)

ODETTE

Oh! si!... Il y a une petite boîte.

BÉRANGÈRE

Ah! je n'ai jamais pensé à cela. On ne me l'a jamais dit. (*Elle s'assied près d'Odette. Le comte traverse au fond et se rapproche d'elle.*)

ODETTE

C'est qu'on l'ignorait! (*Elle cherche à ouvrir.*) Il y a là-dedans de ses cheveux.

BÉRANGÈRE, *ravie.*

De maman. Ah! quel bonheur!

ODETTE, *cherchant toujours à ouvrir.*

Comme elle trouvait que vos cheveux blonds d'enfant rappelaient tout à fait les siens, un jour, devant moi, elle vous a coupé une petite boucle ici... sur le cou... et elle l'a placée là, à côté des siens, en les nouant avec une soie bleue. (*Elle ouvre.*) Tenez, voyez-vous.

11

BÉRANGÈRE

Ah! que je vous remercie, madame! Sans vous, je ne l'aurais jamais su! (*Montrant le médaillon à son père sans se lever et se tournant vers lui.*) Tiens! vois donc... Voilà les miens... et les siens!... ensemble... Ah! madame, que je vous suis reconnaissante... Je voudrais... si j'osais... je n'ose pas!... (*Vivement.*) Voulez-vous me permettre de vous embrasser? (*Elle lui saute au cou.*)

ODETTE, *surprise par la vivacité du mouvement et cherchant à s'y dérober.*

Mon enfant!...

BÉRANGÈRE

Que vous êtes bonne!... Vous pleurez en pensant à elle!

ODETTE, *la retenant assise, avec résolution.*

Non, restez là!... Elle serait si heureuse d'être à ma place, de vous regarder... de boire toutes vos paroles, de savourer toute cette tendresse que vous avez pour elle!... Et de se dire : Tout cela est à moi! C'est à moi!

BÉRANGÈRE

Ah! si elle était là, nous serions trop heureux!

ODETTE, *vivement, serrant ses mains avec force.*

N'est-ce pas?

BÉRANGÈRE

Quel malheur que cette mort!...

ODETTE

Ah! quand c'est la mort!... Mais il y a une séparation plus cruelle encore.

BÉRANGÈRE

Comment?

ODETTE, *résolue à tout dire.*

Je sais dans cette ville une femme... (*Mouvement du
comte*). Votre père la connaît comme moi... une femme
qui, depuis des années, vit loin de son mari et de son
enfant !...

BÉRANGÈRE

Ah! pourquoi?

ODETTE

On les a séparés, — la Justice.

BÉRANGÈRE

Une mauvaise femme, alors?

ODETTE

Bien malheureuse!

BERANGÈRE

Elle n'a jamais essayé de revenir à son mari?

ODETTE

Il ne voulait plus la voir.

BÉRANGÈRE

Et son enfant?

ODETTE

On le lui a pris pour le donner au père.

BÉRANGÈRE

On pensait donc qu'elle ne serait pas une bonne mère?

ODETTE, *vivement.*

On se trompait!

BÉRANGÈRE

Et elle s'est résignée?

ODETTE

Forcément!

BÉRANGÈRE

Sans rien faire pour qu'on lui rendît son mari et son enfant?...

ODETTE

Et que faire?

BÉRANGÈRE

Mais devenir si bonne, si différente d'autrefois, si repentante, qu'on fût obligé de lui pardonner.

ODETTE, *frappée, laissant ses mains.*

Ah!

BÉRANGÈRE

Mais laissons cette vilaine femme, voulez-vous?...
(*vivement*) Et parlons encore de maman!

ODETTE, *suffoquée, se reculant.*

Oh! non! non! ne parlons plus d'elle, c'est fini. Je
ne l'essaierai plus! (*A elle même.*) Mais Dieu, juste
Dieu! de sa bouche... quel châtiment! (*Elle fond en
larmes sur le dossier du canapé.*)

BÉRANGÈRE, *inquiète, debout, courant à son père
qui la prend dans ses bras.*

Mais, mon père...

ODETTE

Pardonnez, mon enfant, mes larmes vous étonnent...
Mais vous les comprendrez... C'est bien naturel! J'a-
vais une fille comme vous!... Et je viens de la perdre!

BÉRANGÈRE

Ah! si j'avais su...

ODETTE, *essuyant ses yeux.*

Laissons cela!... Vous allez vous marier, m'a-t-on
dit?...

BÉRANGÈRE

Je l'espère, madame... Mais il y a une difficulté... Je
ne sais pas laquelle...

ODETTE.

Il ne faut plus qu'il y en ait... Il n'y en aura plus,

chère enfant! (*Bérangère revient à elle. Elle lui prend les mains.*) Vous épouserez celui qui vous aime, que vous aimez, et que vous aimerez toujours comme un bon petit ange que vous êtes!... Et vous aurez tout le bonheur que vous méritez... Cette image de votre mère que vous avez là dans votre cœur, conservez-la toujours aussi belle, aussi pure! Elle sera la gardienne de votre vie! (*Elle se lève.*) Consultez-la dans vos petits chagrins, associez-la à toutes vos joies!... Faites cela pour elle... (*Luttant contre son émotion.*) qui ne peut plus rien pour vous!

BÉRANGÈRE, *passant vivement derrière elle, et, par ce mouvement, arrêtant son départ.*

Madame, vous nous quittez déjà?

ODETTE

Oui, il le faut... Je pars... Je vais quitter Nice.

BÉRANGÈRE

Ah! j'aurais eu tant de bonheur à causer encore, souvent avec vous!.. Je ne vous verrai plus?..

ODETTE.

Ailleurs, plus tard.

BÉRANGÈRE

Vous ne viendrez pas à mon mariage?

ODETTE

Je le voudrais. — C'est impossible!

BÉRANGÈRE

Ah! je vous en prie!...

ODETTE

Mon enfant! Je suis en deuil...

BÉRANGÈRE

Ah! oui, votre fille. C'est vrai!... Pardonnez-moi,
cela vous ferait trop de peine, je le comprends.

ODETTE, *fondant en larmes.*

Oui, trop... trop de peine !... (*L'embrassant.*)
Ma fille, ma fille, ma bien - aimée fille !... (*Au
comte à demi-voix.*) Eloignez-la, je n'en puis plus!
(*Elle se dérobe entre le canapé et la table. Le comte
fait signe à Bérangère, qui recule un peu vers la
droite. A mi-voix en remontant, au comte qui remonte et suit son mouvement entre le canapé et le
piano.*) Philippe vous dira la retraite que j'ai choisie.
Je pars. Vous ne me verrez plus ! (*Elle jette un dernier coup d'œil à sa fille en lui adressant de loin un
sourire pour adieu.*) Ah! vous aviez raison... J'aurais
mieux fait de ne pas venir!

(*Elle sort, tout en larmes, et disparaît par la droite.*)

1212 — 82, — Imprimerie D. BARDIN et Cᵉ, à Saint-Germain.